Abdoul Hamid Derra

Odoo : #1

Abdoul Hamid Derra

Odoo : #1

O Melhor Sistema de Planeamento de Recursos Empresariais do Mundo

ScienciaScripts

Imprint

Any brand names and product names mentioned in this book are subject to trademark, brand or patent protection and are trademarks or registered trademarks of their respective holders. The use of brand names, product names, common names, trade names, product descriptions etc. even without a particular marking in this work is in no way to be construed to mean that such names may be regarded as unrestricted in respect of trademark and brand protection legislation and could thus be used by anyone.

Cover image: www.ingimage.com

This book is a translation from the original published under ISBN 978-620-6-14807-4.

Publisher:
Sciencia Scripts
is a trademark of
Dodo Books Indian Ocean Ltd. and OmniScriptum S.R.L publishing group

120 High Road, East Finchley, London, N2 9ED, United Kingdom
Str. Armeneasca 28/1, office 1, Chisinau MD-2012, Republic of Moldova, Europe
Printed at: see last page
ISBN: 978-620-5-87409-7

Copyright © Abdoul Hamid Derra
Copyright © 2023 Dodo Books Indian Ocean Ltd. and OmniScriptum S.R.L publishing group

ODOO
#1: MELHOR MUNDIAL
SISTEMA DE PLANEAMENTO DE RECURSOS EMPRESARIAIS

Índice

GLOSSÁRIO

- **CONTABILIDADE DE ENTRADA DUPLA:** *O ODOO CRIA AUTOMATICAMENTE TODOS OS LANÇAMENTOS DIÁRIOS PARA CADA UMA DAS SUAS TRANSACÇÕES CONTABILÍSTICAS E O ODOO UTILIZA O SISTEMA DE CONTABILIDADE DE DUPLA ENTRADA.E. TODOS OS LANÇAMENTOS DIÁRIOS SÃO AUTOMATICAMENTE EQUILIBRADOS.*

- **MÉTODOS DE ACUMULAÇÃO E DE REGIME DE CAIXA:** *O ODOO APOIA TANTO OS RELATÓRIOS DE ACUMULAÇÃO COMO OS DE REGIME DE CAIXA. ISTO PERMITE-LHE REPORTAR AS RECEITAS/DESPESAS NO MOMENTO EM QUE AS TRANSACÇÕES OCORREM.*

- **MULTI-EMPRESAS:** *OO PERMITE GERIR VÁRIAS EMPRESAS DENTRO DO MESMO DA TABASE.*

  - **CADA EMPRESA TEM O SEU PRÓPRIO PLANO DE CONTAS E REGRAS.**
    PODE OBTER RELATÓRIOS DE CONSOLIDAÇÃO SEGUINDO AS SUAS REGRAS DE CONSOLIDAÇÃO.

- **MULTI-MOEDAS:** *CADA TRANSACÇÃO É REGISTADA NA MOEDA PREDEFINIDA DA EMPRESA.*

  - **PARA TRANSACÇÕES QUE OCORREM NOUTRA MOEDA,** *O ODOO ARMAZENA TANTO* **O VALOR NA MOEDA DA EMPRESA** *COMO* **O VALOR NA MOEDA DA TRANSACÇÃO. O ODOO PODE GERAR GANHOS E PERDAS CAMBIAIS** *APÓS A RECONCILIAÇÃO DOS ARTIGOS DO DIÁRIO.*

- **NORMAS INTERNACIONAIS:** *O ODOO ACCOUNTING APOIA MAIS DE 50 PAÍSES.*

  - **O NÚCLEO DE CONTABILIDADE DO ODOO IMPLEMENTA NORMAS CONTABILÍSTICAS** *COMUNS A TODOS OS PAÍSES E ESTÃO DISPONÍVEIS APLICAÇÕES PERSONALIZADAS PARA ACOMODAR AS ESPECIFICIDADES DE CADA PAÍS;*

    - *COMO O* **PLANO DE CONTAS,**
    - **IMPOSTOS,** *OU* **INTERFA CES BANCÁRIAS.**

- **CONTAS A RECEBER & PA YABLE: POR** *DEFEITO, O ODOO UTILIZA UMA ÚNICA CONTA PARA TODAS AS ENTRADAS DE CONTAS A RECEBER.*

■ *VASTA GAMA DE RELATÓRIOS FINANCEIROS: EM ODOO, É POSSÍVEL GERAR RELATÓRIOS FINANCEIROS EM TEMPO REAL. OS RELATÓRIOS DO ODOO INCLUEM:*

- *RELATÓRIOS DE DESEMPENHO (TAIS COMO LUCROS E PERDAS, DESVIOS ORÇAMENTAIS)*

   • *RELATÓRIOS DE POSIÇÃO (TAIS COMO BALANÇO, CONTAS A PAGAR ENVELHECIDAS, CONTAS A RECEBER ENVELHECIDAS)*

   • *RELATÓRIOS DE CAIXA (TAIS COMO RESUMO BANCÁRIO)*

   • *RELATÓRIOS DETALHADOS (TAIS COMO BALANCETE E RAZÃO GERAL)*

   • *RELATÓRIOS DE GESTÃO (TAIS COMO ORÇAMENTOS, RESUMO EXECUTIVO)*

■ *IMPORTAÇÃO BANCÁRIA ALIMENTA AUTOMATICAMENTE: O ODOO FACILITA A RECONCILIAÇÃO BANCÁRIA, IMPORTANDO FREQUENTEMENTE LINHAS DE EXTRACTOS BANCÁRIOS DO SEU BANCO DIRECTAMENTE PARA A SUA CONTA ODOO.*

■ *AVALIAÇÃO DE INVENTÁRIO: O ODOO SUPORTA TANTO AVALIAÇÕES DE INVENTÁRIO PERIÓDICAS (MANUAIS) COMO PERPÉTUAS (AUTOMATIZADAS).*

■ *LUCROS FÁCEIS DE RETER: O CALCULA AUTOMATICAMENTE OS SEUS GANHOS DO ANO CORRENTE EM TEMPO REAL; PARA QUE NÃO SEJA NECESSÁRIO UM DIÁRIO DE FIM DE ANO OU UM ROLLOVER.*

   - *ISTO É CALCULADO REPORTANDO AUTOMATICAMENTE O SALDO DE LUCROS E PERDAS AO SEU RELATÓRIO DE BALANÇO.*

■ *ACTIVIDADES PRIORITÁRIAS: PRIORIDADES AS ACTIVIDADES DE ACOMPANHAMENTO EM PREPARAÇÃO E CUMPRIR OS SEUS OBJECTIVOS DE FORMA EFICIENTE*

■ *ACOMPANHAR AS SUAS ACTIVIDADES DE VENDAS: ACOMPANHE MAIS FACILMENTE AS FASES DE VENDAS ATRAVÉS DA VISUALIZAÇÃO DO KANBAN DO PIPELINE DE VENDAS.*

■ *AGENDAR REUNIÕES: AGENDAR REUNIÕES DIRECTAMENTE A*

PARTIR DA OPORTUNIDADE DO CLIENTE

- **PAINÉIS DE BORDO:** *OBTENHA TODOS OS DETALHES NECESSÁRIOS DAS ACTIVIDADES COMERCIAIS EM CURSO E REALIZADAS NO SEU PAINEL DE BORDO*

- **ENTRAR EM CONTACTO COM OS CLIENTES:** *MANTENHA A COMUNICAÇÃO COM OS CLIENTES VIA E-MAIL, TELEFONE, CHAT, E REDES SOCIAIS A PARTIR DO SEU ODOO CRM.*

- **PROMOÇÃO DE LEADS:** *INICIAR A CAMPANHA ENVIANDO E-MAILS GERADOS AUTOMATICAMENTE AOS CLIENTES EM LEADS. DESIGNAR UM VENDEDOR PARA SEGUIR O LEAD E PROMOVER O MESMO.*

- **ANÁLISE DE OPORTUNIDADES:** *ANALISE O SEU PIPELINE DE OPORTUNIDADES COM FILTROS AVANÇADOS, AGRUPAMENTO, DRILL DOWN, ETC.*

- **LEAD SCORING:** *PONTUE AS SUAS PISTAS COM BASE EM CRITÉRIOS EXPLÍCITOS E IMPLÍCITOS E DECIDA QUE PISTA SATISFAZ A REFERÊNCIA PARA SE TORNAR OPORTUNIDADE.*

- **ALERTAS PERSONALIZADOS:** *DEFINIR ALERTAS PERSONALIZADOS PARA OPORTUNIDADES COM BASE EM ALGUMAS ACTIVIDADES*

- **ANALISAR AS OPORTUNIDADES PERDIDAS:** *ANALISAR AS RAZÕES POR DETRÁS DA PERDA DE OPORTUNIDADES E MELHORAR A SUA EFICIÊNCIA DE VENDAS.*

- **GEOIP:** *DETECTAR PAÍSES, ESTADOS E CIDADES DE PISTAS AUTOMATICAMENTE A PARTIR DO SEU ENDEREÇO IP DE VISITANTE.*

- **AUTOMATIZAR ROTINAS E CONCENTRAR-SE NAS VENDAS:** *AUTOMATIZAR ACTIVIDADES COMERCIAIS DE ROTINA, NÃO PERDER TEMPO NA MANUTENÇÃO DE DADOS.*

- **AUTOMATIZE O SEU FLUXO DE COMPRAS:** *AQUI PODEMOS ENVIAR AUTOMATICAMENTE RFQ S- (PEDIDO DE COTAÇÕES) AOS SEUS FORNECEDORES COM BASE NOS SEUS NÍVEIS DE STOCKS.*

***ISTO MELHORARÁ O SEU DESEMPENHO EM TERMOS DE COMPRAS E INVENTÁRIO**, JUNTAMENTE COM REGRAS DE AQUISIÇÃO, DEPENDENDO DOS NÍVEIS DE STOCK, REGRAS LOGÍSTICAS, E ORDENS DE VENDA, ORDENS DE FABRICO PREVISTAS,*

ETC. ***SELECCIONE UM ESQUEMA DE REABASTECIMENTO DIFERENTE PARA CADA PRODUTO,*** *DEPENDENDO DAS SUAS ESTRATÉGIAS DE FABRICO/ENTREGA.*

- ***LISTAS DE PREÇOS DE FORNECEDORES & PRODUTO UMA VAILABILIDADE:*** *PODEMOS FACILMENTE TOMAR DECISÕES DE COMPRA EFICIENTES UTILIZANDO OS MELHORES PREÇOS.*

  COM ISTO, PODEMOS FACILMENTE IMPORTAR LISTAS DE PREÇOS E REFERÊNCIAS DE FORNECEDORES *PARA TOMAR DECISÕES DE COMPRA RÁPIDAS E ADEQUADAS COM BASE EM DIFERENTES POLÍTICAS DE FORNECEDORES, QUANTIDADES, E CONDIÇÕES CONTRATUAIS ESPECIAIS.*

  - ***PODEMOS FACILMENTE ACOMPANHAR A DISPONIBILIDADE DO PRODUTO*** *NO INVENTÁRIO DO SEU FORNECEDOR E PODE TAMBÉM VERIFICAR O ESTADO DA SUA ENCOMENDA.*

- ***OBTER A MELHOR OFERTA COM PROPOSTAS DE COMPRA:*** *OBTER O MELHOR PREÇO ATRAVÉS DE NEGOCIAÇÃO / NEGOCIAÇÃO COM DIFERENTES VENDEDORES.*

  - ***PODEMOS LANÇAR CONCURSOS DE COMPRA E SIMPLESMENTE INTEGRAR AS*** *RESPOSTAS **DOS FORNECEDORES** NO PROCESSO QUE NOS AJUDAM A COMPARAR AS PROPOSTAS DOS DIFERENTES FORNECEDORES;*

  - ***ESCOLHER A MELHOR OFERTA E ENVIAR ORDENS DE COMPRA EM SEGUNDOS.*** *PODEMOS TAMBÉM UTILIZAR OS RELATÓRIOS PARA ANALISAR A PROPOSTA DOS SEUS VENDEDORES POSTERIORMENTE.*

- ***OBTER ESTATÍSTICAS SOBRE AS SUAS COMPRAS:*** *ANALISAR, PREVER E PLANEAR EFICAZMENTE AS SUAS ENCOMENDAS EM PASSOS SIMPLES.*

  OBTER ESTATÍSTICAS PRECISAS SOBRE O DESEMPENHO DOS SEUS FORNECEDORES ATRAVÉS DE *RELATÓRIOS **FLEXÍVEIS** SOBRE ATRASOS DE ENTREGA, DESCONTOS NEGOCIADOS SOBRE PREÇOS, QUANTIDADES ADQUIRIDAS, ETC.*

  - ***INTEGRAR AS COMPRAS COM A CONTABILIDADE ANALÍTICA*** *PARA ANALISAR A RENTABILIDADE DOS SEUS CONTRATOS.*

- ***GERIR VÁRIAS EMPRESAS:*** *UTILIZANDO AS REGRAS MULTI-*

EMPRESAS DO ODOO, PODEMOS POUPAR TEMPO E ESFORÇO.

- **PODEMOS UTILIZAR UMA ÚNICA INSTÂNCIA DE ODOO PARA SINCRONIZAR AS ÓPERA** *ENTRE DIFERENTES COMPANHIAS.*

- **INVENTÁRIO:** *SINCRONIZE OS SEUS NÍVEIS DE STOCKS COM BASE NAS SUAS COMPRAS E CRIE REGRAS DE SUBSTITUIÇÃO AUTOMÁTICA PARA EVITAR A SITUAÇÃO DE RUPTURA DE STOCK*

- **INVOICANDO:** *CONVERTA AS SUAS ORDENS DE COMPRA NUMA FACTURA DO FORNECEDOR PARA EVITAR A ENTRADA DUPLA.*

- **CONTABILIDADE:** *OBTER A SUA CONTABILIDADE MAIS EXACTA INTEGRANDO ORDENS DE COMPRA E FACTURAS.*

- **CONTROLAR A FACTURAÇÃO:** *O MÓDULO DE COMPRASO ERP É INTEGRADO COM INVENTÁRIO, FACTURA, CONTABILIDADE PARA QUE POSSA TORNAR O PROCESSO SIMPLES, E PRECISO.*

- **LIMPO E RÁPIDO: A GESTÃO DE INVENTÁRIO DE** *ENTRADA* **DUPLA, O DESIGN FLEXÍVEL, A INTERFACE MODERNA DO UTILIZADOR, O CONTROLO MÓVEL E OS MECANISMOS DE RASTREIO** *TORNAM O ODOO UM ERP DE DESEMPENHO LIMPO E RÁPIDO.*

- **APOIO BÁSICO DE ÓPERA:** *PREPARAR ORDEM DE ENTREGA EM PASSOS SIMPLES, CONTROLAR E GERIR AS* **REMESSAS RECEBIDAS, PREPARAR CONTAGENS DE INVENTÁRIO (CONTAGEM DE CICLOS), GESTÃO DE MÚLTIPLOS LOCAIS, EMBALAGEM BASEADA EM CÓDIGO DE BARRAS, GESTÃO EFICIENTE DE SUCATA, OPÇÃO DE TRANSFERÊNCIA DE STOCK, ETC.**

  - **O APOIO A TODAS AS OPERAÇÕES BÁSICAS E AVANÇADAS TEM LUGAR NUM** *ARMAZÉM.*

- **ENCAMINHAMENTO AVANÇADO:** *O OPERAÇÕES AVANÇADAS DE APOIO AO ENCAMINHAMENTO, COMO*

- **DROP-SHIPPING:** *ENTREGAR AOS CLIENTES DIRECTAMENTE DO SEU FORNECEDOR, COM BASE EM PRODUTOS, ENCOMENDAS OU CLIENTES.*

- **CROSS-DOCKING:** *DESCARGA DE MATERIAL DE ENTRADA E TRANSFERÊNCIA DIRECTA PARA PORTÕES DE SAÍDA COM POUCA OU NENHUMA ARMAZENAGEM NO MEIO.*

- **_ARRUMAR & REMOVER TEGIES STRA TEGIES:_** _DEFINIR AS SUAS PRÓPRIAS ESTRATÉGIAS DE ARMAZENAMENTO E REMOÇÃO; FIFO, ZONA DISPONÍVEL MAIS PRÓXIMA, LIFO, ETC._

- **_PICK - PACK - SHIP:_** _DESENHE O SEU PRÓPRIO FLUXO DE PROCESSO DE ENCOMENDA. ENTREGAR AOS CLIENTES NUMA SÓ ETAPA (ORDEM DE ENTREGA) OU EM VÁRIAS ETAPAS: RECOLHA, EMBALAGEM, E EXPEDIÇÃO._

- **_ROTAS DE EMPURRAR E PUXAR:_** _CONCEBER AS SUAS PRÓPRIAS ROTAS DE PRODUTOS PARA AUTOMATIZAR AS ENCOMENDAS DE TRANSFERÊNCIA ENTRE ARMAZÉNS OU LOCAIS._

- **_MULTIARMAZÉNS:_** _GERIR TODOS OS SEUS ARMAZÉNS COM O MESMO SISTEMA E DEFINIR REGRAS DE REABASTECIMENTO ENTRE ARMAZÉNS._

- **_REABASTECIMENTOS:_** _PARA MANTER O SEU INVENTÁRIO DEVIDAMENTE REABASTECIDO, O ODOO FORNECE OPÇÕES COMO_

- **_STOCK MÍNIMO:_** _TER PROPOSTA DE PEDIDOS DE COMPRA (OU PEDIDO DE COTAÇÃO) CRIADOS PELA ODOO COM BASE NA SUA PREVISÃO DE STOCK FUTURO._

- **_PROPOSTAS DE COMPRA:_** _OBTER PROPOSTAS DE PEDIDOS DE COMPRA COM BASE NOS PRAZOS DE ENTREGA DOS FORNECEDORES, PROCURA DE PRODUTOS E PREVISÕES DE INVENTÁRIO._

- **_FAKE-TO-ORDER:_** _COMPRAR MATÉRIAS PRIMAS OU FABRICAR PRODUTOS POR ENCOMENDA. DEFINIR AS SUAS PRÓPRIAS ROTAS ESPECÍFICAS PARA ARMAZÉNS, PRODUTOS, ENCOMENDAS, ETC._

- **_PEDIDO DE COTAÇÕES:_** _QUER NEGOCIAR UM PREÇO COM OS FORNECEDORES CADA VEZ QUE COMPRA UM PRODUTO ESPECÍFICO?_

  - **_OO PODE DESENCADEAR O PEDIDO DE COTAÇÕES_** _AUTOMATICAMENTE COM BASE EM NECESSIDADES FUTURAS._

- **_RASTREABILIDADE:_** _RASTREAR O SEU PRODUTO DENTRO E FORA DO INVENTÁRIO É UMA TAREFA DESAFIANTE._

  - _MAS CARACTERÍSTICAS DE RASTREABILIDADE DO ODOO COMO_ **_"RASTREIO DE LOTES", "REGISTO DE ACTIVIDADE",_**

"NÚMEROS DE SÉRIE", "AVALIAÇÃO PERPÉTUA" TORNAM-NO MAIS FÁCIL PARA SI.

■ *GESTÃO*

- ***ORDENS DE FABRICO:*** *GERIR OS SEUS PRODUTOS EM LINHAS DE MONTAGEM OU MONTAGEM MANUAL.*

- ***ORDENS DE TRABALHO:*** *LANÇAR A PRODUÇÃO DOS ARTIGOS NECESSÁRIOS NA MONTAGEM FINAL DOS SEUS PRODUTOS.*

- ***ORDENS DE REPARAÇÃO:*** *GERIR REPARAÇÕES DE ARTIGOS SOB GARANTIA OU COMO UM SERVIÇO.*

■ *CALENDÁRIO & PLANO*

- ***PLANEAR O FABRICO:*** *OBTENHA UMA VISÃO CLARA SOBRE TODO O SEU PLANEAMENTO E REPROGRAME FACILMENTE O FABRICO.*

- ***ORGANIZAR ORDENS DE TRABALHO:*** *TER ACESSO A TODOS OS RECURSOS DISPONÍVEIS E PLANEAR COM ANTECEDÊNCIA A SUA PRODUÇÃO.*

- ***GERIR A LISTA DE MATERIAIS:*** *CONTROLAR A DISPONIBILIDADE DOS ARTIGOS EM STOCK E O TEMPO DE PRODUÇÃO.*

- ***CAPACIDADE DO CENTRO DE TRABALHO:*** *PROGRAMADOR MRP II UTILIZANDO CAPACIDADES E HORÁRIOS DO CENTRO DE TRABALHO.*

■ *DEFINIR DADOS MESTRES FLEXÍVEIS*

- ***CRIAR LISTAS DE MATERIAIS MULTINÍVEIS:*** *DEFINIR UMA LISTA DE MATERIAIS DENTRO DE OUTRA PARA FABRICAR COMPONENTES DE UM PRODUTO NOUTRA LISTA DE MATERIAIS.*

- ***ENCAMINHAMENTO OPCIONAL:*** *CRIAR NOVOS ROTEIROS PARA ORDENS DE TRABALHO A FIM DE SEQUENCIAR A SUA PRODUÇÃO EM FUNÇÃO DO ROTEIRO UTILIZADO.*

- ***ALTERAÇÕES DE VERSÃO:*** *PERMITIR QUE OS SEUS PRODUTOS EVOLUAM E ADICIONAR OPÇÕES CONFIGURÁVEIS AO CRIAR*

ENCOMENDAS.

- **FANTASMA DE LISTA DE MATERIAIS:** *CRIAR UMA BOMBA FANTASMA PARA FABRICAR E VENDER PRODUTOS EM KITS OU PARA CONSTRUIR PEÇAS DE SUBSTITUIÇÃO.*

■ **QUALIDADE**

- **PONTOS DE CONTROLO:** *DESENCADEIA AUTOMATICAMENTE CONTROLOS DE QUALIDADE PARA O DEPARTAMENTO DE FABRICO.*

- **VERIFICAÇÕES DE QUALIDADE:** *IMPLEMENTE O SEU CONTROLO ESTATÍSTICO DO PROCESSO FACILMENTE COM VERIFICAÇÕES.*

- **ALERTAS DE QUALIDADE:** *ORGANIZE O SEU TRABALHO UTILIZANDO A VISÃO KANBAN DOS ALERTAS DE QUALIDADE.*

■ **PRINTENÇA**

- **MANUTENÇÃO PREVENTIVA:** *DISPARAR PEDIDOS DE MANUTENÇÃO AUTOMATICAMENTE COM BASE EM KPIS.*

- **MANUTENÇÃO CORRECTIVA:** *DESENCADEAR A MANUTENÇÃO CORRECTIVA DIRECTAMENTE A PARTIR DO PAINEL DO CENTRO DE CONTROLO.*

- **CALENDÁRIO:** *OPERAÇÕES DE MANUTENÇÃO DE HORÁRIOS COM UM CALENDÁRIO.*

- **ESTATÍSTICAS:** *OBTER TODAS AS ESTATÍSTICAS DE MANUTENÇÃO CALCULADAS PARA SI: MTBF*

■ **PAINEL DE CONTROLO DO CENTRO DE TRABALHO**

- **TABLETES:** *COLOCAR TABLETES EM CADA CENTRO DE TRABALHO PARA ORGANIZAR O SEU TRABALHO DE FORMA EFICIENTE.*

- **PRODUÇÃO DISCOGRÁFICA:** *REGISTAR PRODUÇÕES, PRODUTOS DE DIGITALIZAÇÃO, LOTES OU NÚMEROS DE SÉRIE.*

- **FOLHAS DE TRABALHO:** *EXIBIR FICHAS DE TRABALHO*

DIRECTAMENTE NO CENTRO DE TRABALHO COM INSTRUÇÕES PARA O OPERADOR.

- **MISC. OPERAÇÕES:** *RASPAR PRODUTOS, CRIAR ALERTAS DE QUALIDADE, E EFECTUAR VERIFICAÇÕES, DIRECTAMENTE DO CENTRO DE TRABALHO.*

- **ALERTAS:** *UTILIZAR ALERTAS PARA MOSTRAR ALTERAÇÕES OU VERIFICAÇÕES DE QUALIDADE AO OPERADOR.*

■ **BUSINESS INTELLIGENCE**

- **OBTER UM RELATÓRIO DE ANÁLISE DETALHADO DA SUA LINHA DE PRODUÇÃO,** *ANALISAR O DESEMPENHO DOS SEUS CENTROS DE TRABALHO E PRODUÇÃO, PLANEAR ESTRATÉGIAS ALTERNATIVAS DE PRODUÇÃO, ETC.*

    - **SÃO ALGUMAS DAS MEDIDAS QUALITATIVAS QUE O MOTOR DOO BI** *LHE PODE SUGERIR NO MÓDULO DE* **FABRICO.**

■ **DIRECTÓRIO DE FUNCIONÁRIOS:** *ESTA APLICAÇÃO PERMITE-LHE CRIAR E GERIR O DIRECTÓRIO DE FUNCIONÁRIOS DA SUA ORGANIZAÇÃO.*

- **PODE CRIAR A HIERARQUIA DO DEPARTAMENTO DA SUA ORGANIZAÇÃO** *E ADICIONAR FUNCIONÁRIOS SOB DIFERENTES DEPARTAMENTOS QUE CORRESPONDAM À ESTRUTURA DA SUA ORGANIZAÇÃO.*

- **OS DETALHES DO CONTRATO DE EMPREGADO SÃO CONFIGURADOS USANDO ESTE MÓDULO.** *POR ISSO, ESTA É A BASE DO MÓDULO HR.*

■ **ASSIDUIDADE:** *A ASSIDUIDADE DOS EMPREGADOS PODE SER GERIDA ATRAVÉS DA INSTALAÇÃO DESTE MÓDULO.*

- **HÁ DIFERENTES OPÇÕES DE MARCAÇÃO DE PRESENÇA DISPONÍVEIS COM O ODOO.** *TAMBÉM É POSSÍVEL ADICIONAR HARDWARE PARA MARCAÇÃO DE ASSIDUIDADE.*

- **O MÓDULO ESTÁ INTEGRADO COM FOLHA DE**

PAGAMENTO, GESTÃO DE FÉRIAS E FOLHA DE HORAS, DE MODO A FORNECER UM MECANISMO CONSISTENTE DE SEGUIMENTO DE ASSIDUIDADE.

- **GESTÃO DE LICENÇAS:** *INTEGRADA COM ASSIDUIDADE, FOLHA DE PAGAMENTO E FOLHA DE HORAS, A GESTÃO DE FÉRIAS PERMITE AO ADMINISTRADOR TOMAR DECISÕES EFICIENTES SOBRE O PEDIDO DE FÉRIAS DOS EMPREGADOS.*

- **FOLHA DE PAGAMENTOS:** *A FOLHA DE PAGAMENTOS DO ODOO TORNA A **COMPLEXIDADE DA GESTÃO DA FOLHA DE PAGAMENTOS MAIS SIMPLES.** É POSSÍVEL CRIAR **UMA ESTRUTURA SALARIAL** SIMPLES E **COMPLEXA BASEADA EM REGRAS SALARIAIS.***

  - **ESTA ESTRUTURA SALARIAL PODE SER APLICADA AO CONTRATO DE EMPREGADO** *PARA GERAR UMA FOLHA DE PAGAMENTO MENSAL.*

  - **DA LOJA ODOO** *PODE TAMBÉM DESCARREGAR FOLHAS DE PAGAMENTO PERSONALIZADAS PARA FACILITAR A GESTÃO.*

- **GESTÃO DE DESPESAS:** *O MÓDULO DE GESTÃO DE DESPESAS PERMITE A GESTÃO DAS DESPESAS OCORRIDAS AOS EMPREGADOS. O FUNCIONÁRIO PODE APRESENTAR AS SUAS DESPESAS E OS FUNCIONÁRIOS ADEQUADOS PODEM TOMAR MEDIDAS EM RELAÇÃO A TAIS PEDIDOS.*

- **GESTÃO DA FOLHA DE TEMPOS:** *É OUTRO MÓDULO EFICIENTE PARA GERIR AS FOLHAS DE TEMPOS DE CADA EMPREGADO. É GERALMENTE UTILIZADO PARA A GESTÃO EFICIENTE DE PROJECTOS OU TAREFAS.*

- **RECRUTAMENTO:** *PODE AUTOMATIZAR E MONITORIZAR TODO O RECRUTAMENTO COM ESTE MÓDULO. FASES DE RECRUTAMENTO, CRITÉRIOS, QUALIFICAÇÕES, ETC. PODE SER CONFIGURADO COM ESTE MÓDULO.*

- *PODE INSTALAR UMA APLICAÇÃO DE EMPREGO ONLINE PARA CANALIZAR O RECRUTAMENTO ATRAVÉS DO SEU WEBSITE.*

- *EXISTEM MAIS ALGUMAS OUTRAS APLICAÇÕES E PLUGINS ÚTEIS QUE SE PODEM ENCONTRAR NA **LOJA DE APLICAÇÕES ODOO**.*

■ ***GESTÃO: CRIAR PERFIS DE EMPREGADOS:*** *RECOLHER TODA A INFORMAÇÃO RELATIVA A CADA EMPREGADO NUM ÚNICO LOCAL.*

- ***GERIR CONTRATOS:*** *MANTER UM REGISTO DA SITUAÇÃO DOS SEUS EMPREGADOS, TÍTULOS DE EMPREGO, TIPO E DATAS DO CONTRATO, E O SEU HORÁRIO.*

- ***GERIR TIMESHEETS:*** *CRIAR FOLHAS DE HORAS SEMANAIS E MENSAIS E ACOMPANHAR O TEMPO GASTO PELOS SEUS EMPREGADOS EM PROJECTOS.*

- ***TRATAR DO ATENDIMENTO:*** *MANTENHA O REGISTO DA PRESENÇA DOS SEUS EMPREGADOS NO TRABALHO. OS GESTORES DE RH PODEM FACILMENTE COMUNICAR A PRESENÇA MENSAL DOS SEUS EMPREGADOS COM A ENTRADA DO MENU E O ESTADO.*

- ***GERIR LEA VES:*** *FÉRIAS, FOLHAS LEGAIS E DOENTES DA YS.*

■ ***PAINÉIS DE BORDO:*** *OBTER UM PAINEL DE BORDO POR GESTOR.*

- ***COLLABORAR: REDE SOCIAL EMPRESARIAL:*** *SEGUIR EMPREGADOS E DOCUMENTOS, JUNTAR-SE A GRUPOS DE DISCUSSÃO, PARTILHAR FICHEIROS, E CONVERSAR EM TEMPO REAL.*

- ***GAMIFICAÇÃO:*** *DESAFIOS DE CONCEPÇÃO, METAS E RECOMPENSAS COM METAS E OBJECTIVOS CLAROS PARA IMPULSIONAR O EMPENHO E RECOMPENSAR O DESEMPENHO DOS SEUS EMPREGADOS.*

■ ***UTILIZADORES DO SISTEMA:*** *BASICAMENTE EXISTEM TRÊS TIPOS DE UTILIZADORES NO PROCESSO DE GESTÃO DE RH*

1. *EMPREGADO: EMPREGADO NORMAL DE ESCRITÓRIO. PODE MARCAR A SUA PRESENÇA, ACEDER ÀS TAREFAS QUE LHE SÃO ATRIBUÍDAS, GERIR A SUA FOLHA DE TEMPOS E REALIZAR OUTRAS TAREFAS ASSOCIADAS A ELE.*

2. *OFICIAL: UM FUNCIONÁRIO DE NÍVEL SUPERIOR QUE TEM MELHORES PODERES E DIREITOS DE ACESSO COMO LICENÇA DE SANÇÃO, FOLHA DE HORAS DE SANÇÃO, ETC.*

3. *GESTOR: GESTOR QUE CONTROLA E CONFIGURA CADA PROCEDIMENTO NO MÓDULO HR. CONTROLO COMPLETO SOBRE TODOS OS NÍVEIS.*

■ *PAGAMENTOS*

1. *MÉTODOS DE PAGAMENTO: DINHEIRO, CHEQUES, E MÉTODOS DE PAGAMENTO COM CARTÃO DE CRÉDITO ESTÃO DISPONÍVEIS. TAMBÉM PODEM SER ACRESCENTADOS NOVOS TIPOS DE MÉTODOS DE PAGAMENTO.*

2. *CARTÕES DE CRÉDITO/DÉBITO: TODOS OS PAGAMENTOS ELECTRÓNICOS SÃO TRATADOS POR TERMINAIS DE PAGAMENTO EXTERNOS.*

3. *PROPOSTAS DIVIDIDAS: UMA ÚNICA ENCOMENDA PODE SER PAGA COMO UM PAGAMENTO DIVIDIDO ENTRE VÁRIAS PARTES, BEM COMO COM MÉTODOS DE PAGAMENTO SEPARADOS.*

4. *ARREDONDAMENTO DA MOEDA: OS PREÇOS E OS PAGAMENTOS PODEM SER ARREDONDADOS PARA A DENOMINAÇÃO MAIS PEQUENA DA MOEDA.*

5. *PAGAMENTOS OFFLINE: AS ENCOMENDAS FEITAS OFFLINE SÃO AUTOMATICAMENTE SINCRONIZADAS QUANDO É RESTABELECIDA A LIGAÇÃO.*

6. *INVOICANDO: GERAR E IMPRIMIR FACTURAS PARA OS SEUS CLIENTES COMERCIAIS.*

7. *CONTABILIDADE: OS PAGAMENTOS SÃO DIRECTAMENTE INTEGRADOS NA CONTABILIDADE DO ODOO PARA TORNAR A*

CONTABILIDADE SIMPLES E FIÁVEL.

8. ***DICAS AO CLIENTE*** *APOIA A GORJETA DO CLIENTE QUER COMO UM MONTANTE ADICIONAL, QUER CONVERTENDO A MUDANÇA NUMA GORJETA.*

■ **CHECKOUT**

1. ***PREÇOS & DESCONTOS:*** *ESTABELECER PREÇOS DE CLIENTE OU OFERECER DESCONTOS BASEADOS EM PERCENTAGENS QUER SOBRE UM ÚNICO PRODUTO QUER SOBRE A TOTALIDADE DA ENCOMENDA.*

2. ***ORDENS PARALELAS:*** *COLOCAR ORDENS DE LADO E PROCESSAR VÁRIAS ORDENS AO MESMO TEMPO.*

3. ***RECIBOS PERSONALIZADOS:*** *ANUNCIAR AS SUAS PROMOÇÕES ACTUAIS, HORAS DE FUNCIONAMENTO, E PRÓXIMOS EVENTOS NOS SEUS RECIBOS IMPRESSOS.*

4. ***PONDERAÇÃO NO BALCÃO:*** *CALCULAR O PESO DO PRODUTO DURANTE A SAÍDA DA CAIXA COM A INTEGRAÇÃO DA BALANÇA ELECTRÓNICA.*

5. ***UMA BUSCA RÁPIDA EM CHAMAS:*** *ENCONTRE RAPIDAMENTE OS SEUS CLIENTES E PRODUTOS COM AS CARACTERÍSTICAS DE PESQUISA INCORPORADAS.*

6. ***VENDER NO MO VE:*** *COM SUPORTE DE IPAD E ANDROIDE EM COMPRIMIDOS, VENDER EM QUALQUER LUGAR DENTRO DA SUA LOJA OU RESTAURA URANT.*

7. ***CÓDIGOS DE BARRAS DINÂMICOS:*** *INSIRA INFORMAÇÕES SOBRE PREÇO, PESO E DESCONTO DIRECTAMENTE NOS SEUS CÓDIGOS DE BARRAS.*

■ **GESTÃO DE LOJAS**

1. ***HISTÓRIA DA ORDEM:*** *VER TODAS AS ENCOMENDAS PASSADAS BEM COMO PESQUISA POR CLIENTE, PRODUTO, CAIXA, OU DATA.*

2. *VENDAS DIÁRIAS: MANTER REGISTO DAS VENDAS DIÁRIAS E DOS TOTAIS PARA CADA TIPO DE PAGAMENTO.*

3. *CONTAS DE CAIXA: GERIR MÚLTIPLAS CONTAS DE CAIXA E PROTEGÊ-LAS COM CRACHÁS OU CÓDIGOS PIN.*

4. *FLUXOS DE CAIXA: CONTROLAR OS AJUSTAMENTOS DA CAIXA REGISTADORA E VERIFICAR FACILMENTE O CONTEÚDO DA CAIXA NO FINAL DO DIA.*

5. *STOCK & INVENTÁRIO: MONITORIZAR O SEU STOCK EM TEMPO REAL, GERIR O SEU INVENTÁRIO EM TODOS OS LOCAIS, E REVER OS ENVIOS COM A INTEGRAÇÃO DO STOCK DO ODOO.*

6. *FRANQUESES: PRÉ-CONFIGURE AS SUAS LOJAS DE FRANCHISING, FAÇA UMA VISÃO GERAL DAS SUAS VENDAS, E ADMINISTRE CENTRALMENTE O SEU STOCK E CONTABILIDADE.*

■ *CLIENTE & LEALDADE*

1. *REGISTAR CLIENTES: IDENTIFIQUE OS SEUS CLIENTES ATRAVÉS DO SIMPLES REGISTO DO SEU E-MAIL E ENDEREÇO DE CONTACTO, O QUE LHE PERMITE OFERECER DESCONTOS E MANTER UM REGISTO DAS VENDAS INDIVIDUAIS.*

2. *IDENTIFICAR CLIENTES: PROCURE OS SEUS CLIENTES COM A FUNÇÃO DE PROCURA OU IDENTIFIQUE-OS COM UM CÓDIGO DE BARRAS IMPRESSO NO SEU CARTÃO DE FIDELIDADE.*

3. *CLIENTES COMERCIAIS: REGISTE O NÚMERO DE IVA DO SEU CLIENTE E APLIQUE-O ÀS FACTURAS.*

4. *CARTÕES DE FIDELIDADE: RECOMPENSE OS SEUS CLIENTES COM PONTOS DE FIDELIDADE E TROQUE-OS POR PRESENTES OU DESCONTOS. OS PONTOS PODEM SER GANHOS POR PRODUTO, POR ENCOMENDA, OU POR VALOR DE VENDA.*

■ *GESTÃO DE RESTAURANTES*

1. *PLANTAS DOS ANDARES: ATRIBUIR ENCOMENDAS ÀS MESAS E RECEBER UMA VISÃO GERAL DOS ANDARES DO SEU*

RESTAURANTE, BEM COMO FAZER ALTERAÇÕES EM VIAGEM COM O EDITOR GRÁFICO.

2. ***GERIR OS LUGARES:*** *MANTENHA-SE A PAR DOS SEUS CONVIDADOS COM UMA VISÃO GERAL DA CAPACIDADE DO SEU RESTAURANTE E DA DISPONIBILIDADE DE MESAS.*

3. ***IMPRESSÃO NA COZINHA:*** *ENVIAR AS INSTRUÇÕES DE ENCOMENDA PARA AS IMPRESSORAS DE BAR E COZINHA. AS INSTRUÇÕES PODEM SER ENVIADAS A DIFERENTES TIPOGRAFIAS, DE FORMA AUTOMÁTICA, COM BASE NA CATEGORIA DO PRODUTO.*

4. ***ENCOMENDAS ATRASADAS:*** *RECEBER ORDENS PARA DIFERENTES PRATOS DE UMA SÓ VEZ COM A POSSIBILIDADE DE AS ENVIAR PARA A IMPRESSORA DA COZINHA EM HORÁRIOS SEPARADOS.*

5. ***NOTAS DE ENCOMENDA DE COZINHA:*** *ADICIONAR NOTAS PARA AS PREFERÊNCIAS DO CLIENTE, ALERGIAS, OU PEDIDOS ESPECIAIS E ENVIÁ-LAS PARA AS IMPRESSORAS DE COZINHA OU DE BAR.*

6. ***FILHOS DE SPLIT:*** *DEIXAR OS CLIENTES PAGAR SEPARADAMENTE OU EM MOMENTOS DIFERENTES ATRAVÉS DA DIVISÃO DAS ENCOMENDAS.*

■ ***PRODUTOS***

1. ***CATEGORIAS DE PRODUTOS:*** *ORGANIZE OS SEUS PRODUTOS COM CATEGORIAS HIERÁRQUICAS DE PRODUTOS. ENCOMENDE-OS POR POPULARIDADE E EXIBA DIFERENTES CATEGORIAS EM DIFERENTES PONTOS DE VENDA.*

2. ***PESQUISA DE PRODUTOS:*** *ENCONTRAR RAPIDAMENTE PRODUTOS PELO SEU NOME, CÓDIGO DE BARRAS, OU DESCRIÇÃO COM A FUNÇÃO DE PESQUISA INTEGRADA.*

3. ***UNIDADES DE MEDIDA:*** *VENDA OS SEUS PRODUTOS COM UNIDADES DE MEDIDA PERSONALIZADAS OU PREDEFINIDAS E ACTUALIZE O SEU STOCK EM CONFORMIDADE.*

4. ***MÚLTIPLOS CÓDIGOS DE BARRAS:*** *CONFIGURAR MÚLTIPLOS CÓDIGOS DE BARRAS PARA O MESMO PRODUTO COM NOMENCLATURAS DE CÓDIGOS DE BARRAS.*

5. ***VARIANTES DO PRODUTO:*** *VENDER TAMANHOS, CORES, OU CONFIGURAÇÕES DIFERENTES DO MESMO PRODUTO COM VARIANTES DO PRODUTO.*

6. ***GRANDE CONTAGEM DE PRODUTOS:*** *O SISTEMA DE PONTOS DE VENDA DAO É CAPAZ DE FUNCIONAR A UMA ESCALA DE MAIS DE 100.000 PRODUTOS.*

- ***APLICAÇÃO WEB***

1. ***APOIO AO NAVEGADOR:*** *O ODOO POS É UMA APLICAÇÃO BASEADA NA WEB E PODE SER IMPLANTADA EM QUALQUER DISPOSITIVO E OS **CROMO** EM EXECUÇÃO, **FIREFOX**, OU **SAFARI. MICROSOFT WINDOWS, APPLE OSX, LINUX, ANDROID**, E **IOS** SÃO **TODOS SISTEMAS OPERATIVOS** SUPORTADOS.*

2. ***PC COMPATÍVEL:*** *O POS TAMBÉM PODE SER UTILIZADO EM PCS E COMPRIMIDOS PADRÃO, BEM COMO EM TERMINAIS DE ECRÃ TÁCTIL INDUSTRIAIS.*

3. ***TRABALHA OFFLINE:*** *A POS DOO CONTINUARÁ A TRABALHAR ENQUANTO ESTIVER OFFLINE. O WEB BROWSER PODE SER FECHADO OFFLINE SEM PERDA DE DADOS.*

4. ***HTML5 MODS:*** *A POS DOO É OPEN-SOURCE E PODE SER PERSONALIZADA COM MÓDULOS DE EXTENSÃO HTML5/JS*

- ***SISTEMA INTUITIVO***

1. ***O QUE SE VÊ É O QUE SE OBTÉM:*** *INSERIR ESTILOS DE TEXTO COMO CABEÇALHOS, NEGRITO, ITÁLICO, LISTAS E FONTES COM UM SIMPLES EDITOR WYSIWYG. FLEXÍVEL E FÁCIL DE USAR.*

2. ***SISTEMA DE BLOCOS DE CONSTRUÇÃO:*** *CRIAR A SUA PÁGINA A PARTIR DO ZERO, ARRASTANDO E LARGANDO BLOCOS DE CONSTRUÇÃO PRÉ-FABRICADOS E TOTALMENTE PERSONALIZÁVEIS.*

3. ***GESTÃO DE FRONT-END:*** *CLICAR E ALTERAR O CONTEÚDO DIRECTAMENTE DO FRONT END: NÃO HÁ BACK END COMPLEXO PARA TRATAR.*

4. ***EDIÇÃO DE TEXTO COM PROCESSADOR DE TEXTO:*** *CRIE E ACTUALIZE O SEU CONTEÚDO DE TEXTO ATRAVÉS DE UM EDITOR CONCEBIDO PARA REPLICAR A EXPERIÊNCIA DO PROCESSADOR DE TEXTO.*

- ***AUMENTAR AS VISITAS***

  1. ***PROMOVER FERRAMENTA:*** *MELHORE A SUA CLASSIFICAÇÃO NOS MOTORES DE BUSCA E O SEU TRÁFEGO ORGÂNICO GRAÇAS ÀS SUGESTÕES DE PALAVRAS-CHAVE E À FERRAMENTA META TAG.*

- ***CONVERT LEADS***

  1. ***A/B TESTAR AS SUAS PÁGINAS:*** *CORRER VÁRIAS VERSÕES DE UMA PÁGINA PARA DESCOBRIR QUAL A QUE CONDUZ MELHORES RESULTADOS. ANALISE OS RESULTADOS DIRECTAMENTE NO GOOGLE ANALYTICS.*

  2. ***VERSÃO MÚLTIPLA:*** *PREPARAR MÚLTIPLAS VERSÕES DO SEU SÍTIO WEB E MUDAR DE UMA PARA OUTRA COM UM SÓ CLIQUE.*

  3. ***TRACKING LINK:*** *ADICIONE UM CÓDIGO DE TRACKING ÀS SUAS URL'S E MEÇA TODAS AS SUAS CAMPANHAS DE MARKETING DESDE O PRIMEIRO CLIQUE ATÉ À VENDA FINAL.*

  4. ***IDENTIFICAR QUAIS AS CAMPANHAS MAIS EFICAZES PARA ATRAIR VISITANTES*** *PARA O SEU SÍTIO WEB E GERAR RECEITAS.*

- ***MELHORAR A EXPERIÊNCIA DO UTILIZADOR***

  1. ***FERRAMENTA DE TRADUÇÃO:*** *OBTER TRADUÇÕES STANDARD PROFISSIONAIS COM INTEGRAÇÃO DE GENGO.*

  2. ***PRÉ-VISUALIZAÇÃO MÓVEL:*** *VEJA COMO SERÁ A SUA PÁGINA NUM DISPOSITIVO MÓVEL COM O BOTÃO DE PRÉ-VISUALIZAÇÃO MÓVEL.*

3. *CHAMADA À ACÇÃO DAS REDES SOCIAIS:* PARTILHE AS SUAS PÁGINAS ATRAVÉS DAS REDES DE REDES SOCIAIS.

4. *CHAT AO VIVO INCORPORADO:* FORNEÇA AOS SEUS VISITANTES INFORMAÇÕES EM TEMPO REAL DIRECTAMENTE NO SEU WEBSITE ATRAVÉS DE UMA JANELA DE CHAT POPUP.

■ *FEA TURES DE DESIGN*

1. *MODELOS BASEADOS EM BOOTSTRAP:* DESENHE FACILMENTE OS SEUS PRÓPRIOS MODELOS DE ODOO GRAÇAS À ESTRUTURA HTML LIMPA E AO CSS BASEADO EM BOOTSTRAP.

2. *DISPOSIÇÃO DA GRELHA FLUIDA:* CRIAR O MELHOR LAYOUT CORRESPONDENTE AOS DISPOSITIVOS EM QUE O WEBSITE É EXIBIDO.

3. *TEMAS PROFISSIONAIS:* MUDAR DE TEMA COM APENAS UM CLIQUE, E NAVEGAR ATRAVÉS DO CATÁLOGO DO ODOO DE TEMAS PRONTOS A USAR DISPONÍVEIS NA NOSSA LOJA DE APLICAÇÕES.

■ *DESENHO & CONFIGURAÇÃO*

1. *EDIÇÃO EM LINHA:* CRIAR PÁGINAS DE PRODUTOS UTILIZANDO A ABORDAGEM ÚNICA DO ODOO 'EDITAR EM LINHA'. NÃO É NECESSÁRIO CÓDIGO, O QUE SE VÊ É REALMENTE O QUE SE OBTÉM.

2. *SISTEMA DE BLOCOS DE CONSTRUÇÃO:* CRIE A SUA PÁGINA DE PRODUTO DO ZERO, ARRASTANDO E LARGANDO BLOCOS DE CONSTRUÇÃO PRÉ-FABRICADOS E TOTALMENTE PERSONALIZÁVEIS. DESCREVA OS PRODUTOS NUMA TABELA PARA DAR O MÁXIMO DE ESPECIFICAÇÕES.

3. *VENDER PRODUTOS DIGITAIS:* PODE AGORA ADICIONAR PRODUTOS DIGITAIS COMO LIVROS ELECTRÓNICOS AO SEU CATÁLOGO ONLINE.

4. *EDIÇÃO DE TEXTO COM PROCESSADOR DE TEXTO:* CRIAR E ACTUALIZAR FACILMENTE O SEU CONTEÚDO DE TEXTO ATRAVÉS

DE UM EDITOR CONCEBIDO PARA REPLICAR A EXPERIÊNCIA DO PROCESSADOR DE TEXTO.

5. ***CRIAÇÃO DE VARIANTES DO PRODUTO:*** *CRIAR UM PRODUTO DISPONÍVEL EM VÁRIAS VARIANTES, COMO TAMANHO, CORES OU OUTROS ATRIBUTOS.*

6. ***LISTAS DE PREÇOS, PRODUTOS E LOJAS:*** *CRIAR LISTAS DE PREÇOS FLEXÍVEIS, ADICIONAR VARIANTES PARA ADICIONAR ÀS OPÇÕES DE PRODUTOS, E CRIAR VÁRIAS LOJAS SOB UM ÚNICO AMBIENTE. EXIBIR O STOCK DISPONÍVEL EM PRODUTOS.*

- ***FERRAMENTAS INTEGRADAS***

  1. ***CROSS-SELLING E UPSELLING:*** *SUGERIR PRODUTOS OPCIONAIS RELACIONADOS COM ARTIGOS PARA AUMENTAR AS SUAS RECEITAS.*

  2. ***CÓDIGOS PROMOCIONAIS OU CUPÕES:*** *ENCORAJAR POTENCIAIS CLIENTES A UTILIZAR CÓDIGOS E CUPÕES PROMOCIONAIS.*

  3. ***OPÇÕES PARA IMPULSIONAR AS VENDAS:*** *DEFINIR CATEGORIAS DE PRODUTOS, UTILIZAR PESQUISA DE ATRIBUTOS, CONCENTRAR-SE EM PROMOÇÕES, CUPÕES OU CERTIFICADOS DE OFERTA E EMPURRAR OS MELHORES PRODUTOS PARA O TOPO DA SUA PÁGINA, A FIM DE MULTIPLICAR AS SUAS VENDAS.*

- ***EXPERIÊNCIA DE COMPRA***

  1. ***SISTEMA DE PESQUISA FÁCIL:*** *FACILITAR A PROCURA DE PRODUTOS, DEFININDO ATRIBUTOS NOS PRODUTOS (TAMANHO, COR, POTÊNCIA, ETC.).*

  2. ***CLIENTE A BORDO:*** *INSTRUÇÕES DE CONFIGURAÇÃO PASSO A PASSO PARA AJUDAR OS CLIENTES A IR PARA A CAIXA SEM PROBLEMAS DE BLOQUEIO.*

  3. ***CONVIDADO & UTILIZADOR REGISTADO:*** *OS CLIENTES PODEM OPTAR POR CRIAR UM PERFIL DE UTILIZADOR OU COMO CONVIDADOS. OS UTILIZADORES REGISTADOS PODEM*

RECUPERAR AS SUAS INFORMAÇÕES DE CONTACTO APÓS O CHECK OUT E ACEDER A UM PORTAL QUE INCLUI MENSAGENS RELACIONADAS, ENCOMENDAS, FACTURAS, RECLAMAÇÕES REGISTADAS, ETC.

4. ***SALTAR O ENDEREÇO DE ENVIO:*** *NÃO É MAIS NECESSÁRIO O ENDEREÇO DE ENVIO AO FORNECER APENAS SERVIÇOS.*

5. ***CHAT AO VIVO INCORPORADO:*** *FORNEÇA AOS SEUS VISITANTES INFORMAÇÕES EM TEMPO REAL DIRECTAMENTE NO SEU WEBSITE, E GARANTA AS SUAS VENDAS.*

6. ***PROCESSO DE CHECKOUT FÁCIL:*** *CAIXA SIMPLES PARA EVITAR A PERDA DE CLIENTES.*

7. ***PORTAL DO CLIENTE:*** *RASTREIO DE ACESSO ÀS ENCOMENDAS, REGRAS AVANÇADAS DE EXPEDIÇÃO E GESTÃO DE DEVOLUÇÕES ATRAVÉS DO PORTAL DO CLIENTE.*

8. ***REVISÃO DE ENCOMENDA:*** *VER DETALHES DA SUA ENCOMENDA NO FINAL DO PROCESSO.*

■ ***FORMAS DE PAGAMENTO***

1. ***TOTALMENTE INTEGRADO:*** *PERMITIR AOS CLIENTES PAGAR COM PAYPAL, OGONE, ADYEN, BUCKAROO, AUTHORIZE.NET E SIPS LINHA DE TRABALHO.*

    - ***OS MÉTODOS DE PAGAMENTO EM LINHA*** *REDIRECCIONAM OS CLIENTES PARA UMA PÁGINA DE 'OBRIGADO' NO SEU SÍTIO WEB.*

■ ***FACTURAÇÃO E CONTABILIDADE***

1. ***CALCULAR E FACTURAR OS CUSTOS DE ENVIO:*** *OBTER OS CUSTOS DE ENTREGA CALCULADOS AUTOMATICAMENTE UTILIZANDO O CONFIGURADOR DE MÉTODO DE ENTREGA INCORPORADO DO ODOO.*

2. ***PACOTE DE CONTABILIDADE INTEGRADA:*** *O PLANO DE CONTAS DEO CONTÉM IMPOSTOS NACIONAIS, POSIÇÕES FISCAIS, CONTAS.*

3. ***TAXAS FISCAIS:*** *AS POSIÇÕES FISCAIS PERMITEM-LHE ADAPTAR AS TAXAS DE IMPOSTO AO PARADEIRO DOS SEUS CLIENTES.*

4. ***PLANO DE CONTAS:*** *UTILIZE O MODELO DE PACOTE PERSONALIZADO PARA CONSTRUIR O SEU PRÓPRIO PLANO DE CONTAS. INCORPORA UM CONJUNTO DE CONTAS PRÉ-DEFINIDAS GENÉRICAS, IMPOSTOS E MUITO MAIS.*

- ***RELATÓRIO***

1. ***ANÁLISE DE DADOS DE VENDAS:*** *DESTACAR O MELHOR PRODUTO EM TERMOS DE QUANTIDADE VENDIDA. ENCONTRAR O MELHOR CLIENTE EM TERMOS DE RECEITAS.*

    - DISPLA Y UM GRÁFICO COM AS SUAS VENDAS MENSAIS POR PRODUTO *E ADICIONE-O AO SEU PAINEL DE INSTRUMENTOS. AGRUPE AS SUAS VENDAS POR PARCEIRO E EXIBA OS PRODUTOS NO CABEÇALHO DA COLUNA.*

- ***LIMPO E RÁPIDO***

1. ***INTERFACE DE UTILIZADOR MODERNA:*** *UMA INTERFACE DE UTILIZADOR RÁPIDA CONCEBIDA PARA A GESTÃO DE PROJECTOS MODERNOS. OBTENHA TODA A INFORMAÇÃO DE QUE NECESSITA ONDE A NECESSITA.*

2. ***MOBILE:*** *AMIGO DO TELEMÓVEL. RASTREAR PROJECTOS E TAREFAS FACILMENTE EM MOVIMENTO. PERMANECER LIGADO, SEMPRE.*

3. ***FILTROS E GRUPOS:*** *TAREFAS DE PESQUISA OU PROBLEMAS FACILMENTE COM OS FILTROS INTELIGENTES. ANALISAR DADOS COM AGRUPAMENTO DE VÁRIOS NÍVEIS.*

4. ***TOTALMENTE PERSONALIZÁVEL:*** *PERSONALIZAR O PROCESSO DE CADA PROJECTO, RENOMEAR FASES E ALERTAS DE ACORDO COM AS SUAS PRÓPRIAS ACTIVIDADES, AUTOMATIZAR E-MAILS, ETC.*

- ***TASKS***

1. ***VISÃO KANBAN PERSONALIZADA:*** *TAREFAS DE ARRASTAR E*

*LARGAR FACILMENTE COM A VISTA 'KANBAN'. TAREFAS DE GRUPO POR **ETAPAS, RESPONSÁVEL, PRAZO**, ETC. **MUDAR O NOME DA "TAREFA/QUESTÕES".***

1. **ALTERAR O SIGNIFICADO DO STA TUS VERDE/VERMELHO.**

2. **CREA TE UM GESTO ESPECÍFICO DE STA POR PROJECTO.**

3. **DEFINIR O PROCESSO ATRAVÉS DE PONTAS DE FERRAMENTAS PERSONALIZADAS** *PARA CADA ETAPA.*

4. **CRIAR TAREFAS A PARTIR DE ORDENS DE VENDA.**

2. **CALENDÁRIO DE PRAZOS:** *UTILIZAR A VISUALIZAÇÃO DO CALENDÁRIO DE TAREFAS PARA DESTACAR OS PRAZOS DOS PROJECTOS. BASTA ARRASTAR E LARGAR TAREFAS NO CALENDÁRIO PARA REPROGRAMAR.*

3. **MULTI-PROJECTOS:** *TRABALHAR EM PROJECTOS ÚNICOS OU MÚLTIPLOS AO MESMO TEMPO. REALIZAR ANÁLISES E PESQUISAS MULTI-PROJECTO.*

4. **GESTÃO DE DOCUMENTOS:** *GESTÃO DE DOCUMENTOS RELACIONADOS COM TAREFAS, QUESTÕES OU PROJECTOS. (ESPECIFICAÇÕES, PLANOS, ETC.)*

5. **GRÁFICO DE GANTT:** *GERIR TAREFAS NUMA LINHA TEMPORAL COM A VISTA DO GRÁFICO DE GANTT. A FORMA MAIS FÁCIL DE ACOMPANHAR OS PRAZOS E O PROGRESSO DA LINHA DO TEMPO.*

6. **GRÁFICOS:** *OBTENHA GRÁFICOS PARA ANALISAR O PROGRESSO DAS SUAS TAREFAS: POR FASE, POR RESPONSÁVEL, POR ETIQUETA, POR PROJECTO, ETC.*

7. **ANÁLISE DA TABELA PIVOT:** *UTILIZE A TABELA PIVOT EM TAREFAS PARA EFECTUAR UMA ANÁLISE ESTATÍSTICA PROFUNDA SOBRE O DESEMPENHO DOS SEUS PROJECTOS.*

8. **SEGUIMENTO DO TEMPO:** *SEGUIMENTO DAS HORAS ESPERADAS, HORAS EFECTIVAS, E PREVISÕES DE NOVAS*

TAREFAS.

9. ***TAREFAS DE ARQUIVO:*** *TAREFAS DE ARQUIVO FEITAS E TER UMA VISÃO CLARA DAS OUTRAS TAREFAS EM QUE AINDA PRECISA DE TRABALHAR.*

■ ***ISSUES***

1. ***BILHETES DE CLIENTE:*** *UTILIZAR PROBLEMAS PARA LOCALIZAR CONTRATOS DE APOIO, BILHETES, RELATÓRIOS DE BUGS.*

2. ***INTEGRAÇÃO DE CORREIO ELECTRÓNICO:*** *COMUNICAR COM OS SEUS CLIENTES POR CORREIO ELECTRÓNICO. TUDO É AUTOMATICAMENTE ANEXADO À QUESTÃO PARA OBTER UMA VISIBILIDADE TOTAL.*

3. ***NÍVEL DE SERVIÇO:*** *LIGAR A INFORMAÇÃO RELACIONADA COM O SLA A QUESTÕES: TEMPO PARA ABRIR UM BILHETE, TEMPO PARA FECHAR UM BILHETE, ESTATÍSTICAS SOBRE OS VOLUMES E DESEMPENHOS, ETC.*

4. ***AUTOMATIZAR AS ACÇÕES:*** *UTILIZAÇÃO DE GATILHOS E ACÇÕES AUTOMATIZADAS PARA ENVIAR EMAILS AUTOMÁTICOS SOBRE DIFERENTES ESTADOS: CONFIRMAÇÃO DO BILHETE, INQUÉRITO DE SATISFAÇÃO DO CLIENTE, ETC.*

■ ***SERVIÇOS AO CLIENTE***

1. ***TEMPOS:*** *ACOMPANHAR O TEMPO EM PROJECTOS E TAREFAS UTILIZANDO A APLICAÇÃO DA FOLHA DE TEMPOS. DISPONÍVEL COMO UM PLUGIN CROMADO OU UMA APLICAÇÃO MÓVEL.*

2. ***SATISFAÇÃO DO CLIENTE:*** *UTILIZE O INQUÉRITO DE CLASSIFICAÇÃO DA SATISFAÇÃO DO CLIENTE PARA OBTER FEEDBACK DOS CLIENTES CADA VEZ QUE ENCERRAR UM PROBLEMA.*

   ■ ***CONFIGURAR O E-MAIL AUTOMÁTICO ENVIADO AOS CLIENTES*** *APÓS CADA MARCO E RECEBER DIRECTAMENTE O SEU FEEDBACK. ANALISAR A CLASSIFICAÇÃO GLOBAL POR PROJECTO PARA MELHORAR O SEU PROCESSO.*

3. **PROJECTOS:** *PREVÊ PROJECTOS E RECURSOS FACILMENTE A PARTIR DO GRÁFICO DO GANTT TENDO EM CONTA AS FÉRIAS DOS EMPREGADOS. COMPARAR PREVISÕES COM FOLHAS DE TEMPOS REAIS.*

4. **FRONT-END DO PORTAL:** *OS CLIENTES TÊM ACESSO AOS SEUS BILHETES A PARTIR DO PORTAL.*

5. **MULTI-PURPOSE**

6. **PROJECTOS INTERNOS:** *ACOMPANHAR OS PROJECTOS INTERNOS COM TAREFAS E GERIR EFICAZMENTE AS EQUIPAS, ESTABELECENDO PRIORIDADES CLARAS.*

7. **SERVIÇOS PÓS-VENDA:** *GERIR SEM ESFORÇO OS PEDIDOS DE SERVIÇOS PÓS-VENDA E CONFIGURAR UM PROCESSO PERSONALIZADO NA VISÃO KANBAN.*

8. **CONTRATOS DE APOIO:** *CRIAR AUTOMATICAMENTE PROBLEMAS POR E-MAIL, ACOMPANHAR OS SERVIÇOS DE APOIO E CONTAR HORAS NOS CONTRATOS.*

9. **PROJECTOS DE CLIENTES:** *PREVER RECURSOS DO PROJECTO, RASTREAR TAREFAS E MARCOS, REGISTAR A FOLHA DE TEMPOS E ANALISAR O DESEMPENHO DA EQUIPA.*

10. **USUÁRIOS DO SISTEMA:** *EXISTEM DOIS TIPOS DE UTILIZADORES NA GESTÃO DE PROJECTOS*

• **GESTOR DE PROJECTOS:** *QUEM PODE CRIAR E GERIR PROJECTOS.*

• **UTILIZADOR DO PROJECTO:** *QUEM PODE ACEDER ÀS TAREFAS QUE LHE FORAM ATRIBUÍDAS*

CAPÍTULO 1: GESTÃO DE BASES DE DADOS

CREA TE DA TABASE

QUANDO INSTALAMOS O ODOO NO NOSSO SISTEMA*, REDIRECCIONAMOS AUTOMATICAMENTE PARA A PÁGINA DE CRIAÇÃO DE BASES DE DADOS. NESSA PÁGINA, O ODOO FORNECE INSTRUÇÕES BÁSICAS PARA A CRIAÇÃO DA SUA BASE DE DADOS.*

- ■ ***NOTA:*** *ASSINALE A CAIXA DE VERIFICAÇÃO CARREGAR DADOS DE DEMONSTRAÇÃO PARA PREENCHER AS SUAS APLICAÇÕES COM DADOS DE AMOSTRA.*

- ■ ***CLIQUE <CRIAR BASE DE DADOS> E*** *SERÁ REDIRECCIONADO PARA **APLICAÇÕES ODOO**.*

PODE VER AS APLICAÇÕES A PARTIR DA LISTA DE APLICAÇÕES, *INSTALAR QUALQUER MÓDULO DE ACORDO COM A SUA NECESSIDADE.*

- ■ ***NOTA:*** *PODE CRIAR QUALQUER NÚMERO DE BASES DE DADOS MAIS TARDE A PARTIR DA MESMA JANELA.*

APAGAR BASE DE DADOS

- ■ ***GERIR BASE DE DADOS -> APAGAR***

BACKUP E RESTAURAÇÃO DE BASE DE DADOS

- ■ *PARA FAZER O BACKUP DE UMA BASE DE DADOS:* ***GERIR BASE DE DADOS ->BACKUP***
- ■ *SELECCIONAR O FORMATO DE BACKUP E CLICAR EM* ***BAKUU>>>.***

PARA RESTAURAR UMA CÓPIA DE SEGURANÇA*, SIGA OS PASSOS*

- ■ ***GERIR BASE DE DADOS*** *->RESTORE**. ESCOLHER A BASE DE DADOS A SER*
  *RESTAURADO, DÊ UM NOVO NOME À BASE DE DADOS E CLIQUE EM **<CONTINUAR.>***

E APÓS UMA RESTAURAÇÃO BEM SUCEDIDA *PODEMOS VER A BASE DE DADOS RESTAURADA LISTADA NA PÁGINA DE GESTÃO DA BASE DE DADOS.*

<u>**BASE DE DADOS DUPLICADA**</u>

- **GERIR BASE DE DADOS** *->DUPLICAR. E, APÓS ALGUNS SEGUNDOS, PODEMOS VER A BASE DE DADOS DUPLICADA NA LISTA DA BASE DE DADOS.*

<u>**SENHA PRINCIPAL**</u>

SENHA PRINCIPAL É O *ELEMENTO-CHAVE DA* **PEDRA** *QUE CONTROLA BASES DE DADOS COMPLETAS DO ODOO.* **CRIAÇÃO, ELIMINAÇÃO, DUPLICAÇÃO, ETC. DE BASES DE DADOS.**

AS ACÇÕES NÃO PODEM SER REALIZADAS SEM A PALAVRA-PASSE PRINCIPAL. *POR ISSO É ACONSELHÁVEL CRIAR UMA PALAVRA-PASSE MESTRA FORTE PARA O SEU SISTEMA DE ODOO.*

<u>**TIPOS DE UTILIZADORES DE GESTÃO DE UTILIZADORES**</u>

BASICAMENTE, EXISTEM DOIS TIPOS DE UTILIZADORES NO ODOO ERP, ADMINISTRADOR, *E UTILIZADOR NORMAL.*

- **ADMINISTRADOR É O UTILIZADOR POR DEFEITO CRIADO NO INÍCIO** *E TEM ACESSO COMPLETO SOBRE O SISTEMA ODOO.*

COMO ADMINISTRADOR DA SUA BASE DE DADOS, *É RESPONSÁVEL PELA SUA UTILIZAÇÃO. ISTO INCLUI AS APLICAÇÕES QUE INSTALAR, BEM COMO O NÚMERO DE UTILIZADORES ACTUALMENTE EM USO, ETC.*

- **ADMIN PODE CRIAR TANTOS COMO UTILIZADORES E ATRIBUIR AS SUAS PERMISSÕES E DIREITOS DE ACESSO** *NO ÂMBITO DA APLICAÇÃO.*

POR ESTE MÉTODO, *ADMIN PODE CRIAR HIERARQUIA ORGANIZACIONAL E RESTRINGIR OS UTILIZADORES APENAS AO SEU PRÓPRIO DOMÍNIO.*

<u>**CRIADOR DE UTILIZADORES**</u>

- **LOGIN** *NO SISTEMA COMO ADMINISTRADOR*
- **DEFINIÇÕES ->UTILIZADORES ->CREA TE**
- **PREENCHER O CAMPO COM INFORMAÇÃO DO UTILIZADOR**
- **DEFINIR OS DIREITOS DE ACESSO** *A CADA APLICAÇÃO PARA O*

UTILIZADOR A PARTIR DO DROPDOWN

- *ENCONTRAR MAIS PERSONALIZAÇÃO PARA O UTILIZADOR EM* **'OAUTH', PREFERÊNCIAS', 'POINT OF SALE'** *TABS.*
- *O BOTÃO* **'MUDAR SENHA'** *PODE SER USADO PARA ALTERAR A SENHA PARA O UTILIZADOR*

NOTA: *PODE RESTRINGIR O ACESSO DE UM UTILIZADOR A UMA DETERMINADA APLICAÇÃO ALTERANDO O DIREITO DE ACESSO A ESSA APLICAÇÃO A PARTIR DO FORMULÁRIO ACIMA.*

NOTA: *ADMIN PODE EDITAR QUALQUER DETALHE DO UTILIZADOR A PARTIR DO MESMO MENU (OU SEJA, MAIS - >SETTINGS-> UTILIZADORES) CLICANDO NO NOME DO UTILIZADOR DA LISTA.*

APAGAR UTILIZADOR

- ***LOGIN NO SISTEMA COMO ADMINISTRAÇÃO TOR***
- ***DEFINIÇÕES -> UTILIZADORES***
- ***SELECCIONE UM UTILIZADOR DA LISTA***
- ***ACÇÃO->DELETE***

NOTA: *ADMIN PODE REALIZAR OUTRAS TAREFAS COMO 'EDITAR INFORMAÇÕES DO UTILIZADOR', 'DUPLICAR' UTILIZADORES, ETC. A PARTIR DA MESMA JANELA.*

GROUPS

GRUPOS SÃO MÓDULOS DE SEGURANÇA MUITO IMPORTANTES NO ODOO. *SÃO CRIADOS PARA ALCANÇAR A HIERARQUIA ORGANIZACIONAL, BEM COMO PARA IMPOR O CONTROLO DE ACESSO A UM GRUPO DE UTILIZADORES.*

- ***ADMIN PODE DEFINIR O CONTROLO DE ACESSO PARA UM GRUPO*** *DE PESSOAS E NÃO* ***PARA*** *UM INDIVÍDUO.*

ATRIBUIR O UTILIZADOR A GRUPOS

- ***CONFIGURAÇÕES > GRUPOS***

UMA VEZ QUE CONHEÇA OS GRUPOS, *PODE SELECCIONAR GRUPOS A PARTIR DA LISTA DE GRUPOS.* ***AQUI PODE ADICIONAR TANTOS COMO UTILIZADORES*** *SOB O SEPARADOR UTILIZADORES PARA QUE TODAS*

AS REGRAS DE SEGURANÇA NESSE GRUPO SEJAM APLICADAS AO UTILIZADOR.

OS DIREITOS DE ACESSO E AS REGRAS SÃO *MÉTODOS* ***MUITO EFICAZES*** *PARA IMPLEMENTAR MEDIDAS DE SEGURANÇA NO ODOO, SÃO DISCUTIDOS NAS PRÓXIMAS PÁGINAS.*

<u>***REGISTO DE UTILIZADOR EXTERNO***</u>

E SE QUISERMOS PERMITIR QUE UM UTILIZADOR EXTERNO *(COMO O SEU CLIENTE) POSSA VER ALGO NO SEU SISTEMA.*

ELE PODE ENTRAR NO SEU SISTEMA *E VISUALIZAR AS ÁREAS PERMITIDAS. PARA ACTIVAR ESTAS DEFINIÇÕES.* ***DEFINIÇÕES ->CONFIGURAÇÕES*** *GERAIS*

SOB O ACESSO AO PORTAL É *INDICADA* ***UMA CAIXA DE VERIFICAÇÃO*** *QUE PERMITE AOS UTILIZADORES EXTERNOS INSCREVEREM-SE. MARCAR ESSA CAIXA DE VERIFICAÇÃO E CLICAR EM* ***<APLICAR>*** *BOTÃO.*

AGORA PODE VER UMA OPÇÃO DE INSCRIÇÃO ACTIVADA *PERTO DO PORTAL DE LOGIN.*

- *CLIQUE EM* ***<SIGNUP>*** *E SERÁ REDIRECCIONADO PARA UMA NOVA PÁGINA DE INSCRIÇÃO.*

<u>***REGRAS DE SEGURANÇA***</u>

PARA ALÉM DA PERMISSÃO DE ACESSO *APLICADA DURANTE A CRIAÇÃO DO PERFIL, A ADMIN PODE RECORRER ÀS SEGUINTES MEDIDAS DE SEGURANÇA PARA ALCANÇAR A SEGURANÇA DE ALTO NÍVEL DO SISTEMA.*

<u>***CONTROLO DE ACESSO AOS CAMPOS***</u>

NO ODOO, TODOS OS MENUS E VISTAS NÃO PODEM SER VISUALIZADOS POR TODOS OS UTILIZADORES, *POR DEFEITO APENAS O ADMINISTRADOR TEM A PERMISSÃO PARA VISUALIZAR E CONTROLAR TODOS OS CAMPOS E VISTAS.*

- **SEGUEM-SE OS PRINCIPAIS NÍVEIS DE ACESSO QUE** UM ADMINISTRADOR PODE IMPOR AOS GRUPOS.

POR EXEMPLO, SE QUISER RESTRINGIR ALGUNS UTILIZADORES NO INVENTÁRIO DE EDITAR DETALHES DO INVENTÁRIO, TAIS CONFIGURAÇÕES PODEM SER ESTABELECIDAS COM ESTA OPÇÃO.

- **PERM LER:** SE ISTO ESTIVER DEFINIDO, SIGNIFICA QUE TODOS OS UTILIZADORES QUE ESTÃO NESTE GRUPO TÊM ACESSO LIDO SOBRE ESTE MODELO. SE NÃO ESTIVER DEFINIDO, SIGNIFICA QUE OS UTILIZADORES NÃO TÊM DIREITOS DE LEITURA.

- **PERMWRITE:** SE ISTO FOR DEFINIDO, SIGNIFICA QUE TODOS OS UTILIZADORES QUE SE ENCONTRAM NESTE GRUPO TÊM ACESSO POR ESCRITO NESTE MODELO.

- **PERMCREATE:** SE ISTO FOR DEFINIDO, SIGNIFICA QUE TODOS OS UTILIZADORES QUE FAZEM PARTE DESTE GRUPO TÊM ACESSO A ESTE MODELO.

- **PERMUNLINK:** SE ISTO FOR DEFINIDO, SIGNIFICA QUE TODOS OS UTILIZADORES DESTE GRUPO TÊM ACESSO DE ELIMINAÇÃO NESTE MODELO.

ESTA CONFIGURAÇÃO PODE SER ENCONTRADA NOS SEGUINTES SEPARADORES:

- **CONFIGURAÇÕES > GRUPOS > DIREITOS DE ACESSO**
- **CONFIGURAÇÕES > GRUPOS > REGRAS**

REGRAS DE GRAVAÇÃO

ESTE MECANISMO DE CONTROLO É APLICADO QUANDO NECESSITAMOS DE MAIS PERSONALIZAÇÃO NOS DIREITOS DE ACESSO PARA ALÉM DO QUE ESTÁ DISPONÍVEL. ESTES SÃO GERALMENTE FEITOS POR PESSOAS TÉCNICAS.

- **DEFINIÇÕES >SEGURANÇA >REGRAS DE** REGISTO

TEM UMA REGRA RECORDE:

- ■ *UM MODELO*
- ■ *UM CONJUNTO DE PERMISSÕES* *(POR EXEMPLO, SE A LEITURA PERMANENTE ESTIVER DEFINIDA, A REGRA SÓ SERÁ VERIFICADA QUANDO SE LÊ UM REGISTO)*
- ■ *GRUPOS DE UTILIZADORES* *(NENHUM GRUPO SIGNIFICA REGRA GLOBAL)*
- ■ *UM DOMÍNIO PARA FILTRAGEM DE DADOS* *(SE O FILTRO CORRESPONDER: É ACESSÍVEL, SE O FILTRO NÃO CORRESPONDER: NÃO É ACESSÍVEL)*

CONTABILIDADE E FINANÇAS

<u>*CONTABILIDADE E FINANÇAS*</u>

SIMPLES MAS PODEROSO, O MÓDULO DE CONTABILIDADE ODOO PODE SER MELHOR DESCRITO COM ESTAS DUAS PALAVRAS. PODE PROCESSAR AS SUAS TRANSACÇÕES RAPIDAMENTE USANDO O ODOO.

A CONTABILIDADE DO ODOO ESTÁ LIGADA A TODAS AS OUTRAS APLICAÇÕES DO ODOO COMO VENDA, COMPRA, INVENTÁRIO E RECURSOS HUMANOS. ISTO TORNA O TRABALHO COM O ODOO MAIS SIMPLES E RÁPIDO.

PARA PERMITIR CARACTERÍSTICAS CONTABILÍSTICAS NO ODOO ERP TEM DE INSTALAR APLICAÇÕES DE CONTABILIDADE E FINANÇAS DO ODOO. HÁ MUITAS COISAS QUE FAZEM DO ODOO UM PRODUTO ÚNICO DO QUE QUALQUER OUTRO MÓDULO DE CONTABILIDADE ERP.

- *QUANDO COMPARAMOS A CONTABILIDADE DOO COM OUTRAS ERPSUITES COMO A DINÂMICA DA MICROSOFT E A NETSUITE, PODEMOS VER MUITAS CARACTERÍSTICAS QUE SÓ O ODOO TEM.*

POR EXEMPLO, RECONCILIAÇÃO RÁPIDA, SINCRONIZAÇÃO AUTOMÁTICA, ENVIO DE LOTES, ACOMPANHAMENTO DE TERCEIROS, AUTOMATIZAÇÃO DE PAGAMENTOS, ALERTAS, E DESPESAS, ETC. AS CARACTERÍSTICAS PODEM SER ENCONTRADAS EM ODOO.

- *MAS NEM O NETSUITE NEM A DINÂMICA SUPORTAM TODAS ESTAS CARACTERÍSTICAS, MAS APENAS ALGUMAS DELAS.*

UMA VEZ QUE TODAS AS TRANSAÇÕES DE CONTAGEM SÃO ASSOCIADAS A CLIENTES
OU FORNECEDORES, RECEBE RELATÓRIOS PARA EFECTUAR ANÁLISES POR CLIENTE/FORNECEDOR, TAIS COMO O EXTRACTO DE CLIENTE, RECEITAS POR CLIENTE, CONTAS A RECEBER/PAGAMENTO ENVELHECIDAS.

OUTRA OPÇÃO EXEMPLAR DISPONÍVEL NO ODOO É O SEU MOTOR DE BUSINESS INTELLIGENCE QUE LHE PERMITIRÁ NAVEGAR PELOS DADOS DA EMPRESA DE FORMA MAIS ORGANIZADA.

OS GRÁFICOS E DIAGRAMAS TRAÇADOS POR BI-MOTOR É DE FACTO

UMA FERRAMENTA ÚTIL NA TOMADA DE DECISÕES. DE COACÇÃO, O ODOO TAMBÉM É MÓVEL. PODE UTILIZÁ-LO PARA VERIFICAR AS SUAS CONTAS EM MOVIMENTO.

SEGUE-SE A FORMA COMO O ODOO LIDA COM AS CONTAS E TRANSACÇÕES TÍPICAS.

- ***CONTABILIDADE DE ENTRADA DUPLA:*** *O ODOO CRIA AUTOMATICAMENTE TODOS OS LANÇAMENTOS DIÁRIOS PARA CADA UMA DAS SUAS TRANSACÇÕES CONTABILÍSTICAS E O ODOO UTILIZA O SISTEMA DE CONTABILIDADE DE DUPLA ENTRADA.E. TODOS OS LANÇAMENTOS DIÁRIOS SÃO AUTOMATICAMENTE EQUILIBRADOS.*

- ***MÉTODOS DE ACUMULAÇÃO E DE REGIME DE CAIXA:*** *O ODOO APOIA TANTO OS RELATÓRIOS DE ACUMULAÇÃO COMO OS DE REGIME DE CAIXA. ISTO PERMITE-LHE REPORTAR AS RECEITAS/DESPESAS NO MOMENTO EM QUE AS TRANSACÇÕES OCORREM.*

- ***MULTI-EMPRESAS:*** *OO PERMITE GERIR VÁRIAS EMPRESAS DENTRO DO MESMO DA TABASE.*

  - ***CADA EMPRESA TEM O SEU PRÓPRIO PLANO DE CONTAS E REGRAS.*** *PODE OBTER RELATÓRIOS DE CONSOLIDAÇÃO DE ACORDO COM AS SUAS REGRAS DE CONSOLIDAÇÃO.*

- ***MULTI-MOEDAS:*** *CADA TRANSACÇÃO É REGISTADA NA MOEDA PREDEFINIDA DA EMPRESA.*

  - ***PARA TRANSACÇÕES QUE OCORREM NOUTRA MOEDA,*** *O ODOO ARMAZENA TANTO **O VALOR NA MOEDA DA EMPRESA** COMO **O VALOR NA MOEDA DA TRANSACÇÃO.***

  - ***OO PODE GERAR GANHOS E PERDAS CAMBIAIS** APÓS A RECONCILIAÇÃO DOS ARTIGOS DA REVISTA.*

- ***NORMAS INTERNACIONAIS:*** *O ODOO ACCOUNTING APOIA MAIS DE 50 PAÍSES.*

  - ***O NÚCLEO DE CONTABILIDADE DO ODOO***

__IMPLEMENTA NORMAS CONTABILÍSTICAS__ COMUNS A TODOS OS PAÍSES E ESTÃO DISPONÍVEIS APLICAÇÕES PERSONALIZADAS PARA ACOMODAR AS ESPECIFICIDADES DE CADA PAÍS;

- *COMO O __PLANO DE CONTAS__,*
- *__IMPOSTOS__, OU __INTERFA CES BANCÁRIAS__.*

- *__CONTAS A RECEBER & PA YABLE: POR__ DEFEITO, O ODOO UTILIZA UMA ÚNICA CONTA PARA TODAS AS ENTRADAS DE CONTAS A RECEBER.*

- *__VASTA GAMA DE RELATÓRIOS FINANCEIROS:__ EM ODOO, É POSSÍVEL GERAR RELATÓRIOS FINANCEIROS EM TEMPO REAL. OS RELATÓRIOS DO ODOO INCLUEM:*

  - *__RELATÓRIOS DE DESEMPENHO__ (TAIS COMO LUCROS E PERDAS, DESVIOS ORÇAMENTAIS)*

  - *__RELATÓRIOS DE POSIÇÃO__ (TAIS COMO BALANÇO, CONTAS A PAGAR ENVELHECIDAS, CONTAS A RECEBER ENVELHECIDAS)*

  - *__RELATÓRIOS DE CAIXA__ (TAIS COMO RESUMO BANCÁRIO)*

  - *__RELATÓRIOS DETALHADOS__ (TAIS COMO BALANCETE E RAZÃO GERAL)*

  - *__RELATÓRIOS DE GESTÃO__ (TAIS COMO ORÇAMENTOS, RESUMO EXECUTIVO)*

- *__IMPORTAÇÃO BANCÁRIA ALIMENTA AUTOMATICAMENTE:__ O ODOO FACILITA A RECONCILIAÇÃO BANCÁRIA, IMPORTANDO FREQUENTEMENTE LINHAS DE EXTRACTOS BANCÁRIOS DO SEU BANCO DIRECTAMENTE PARA A SUA CONTA ODOO.*

- *__AVALIAÇÃO DE INVENTÁRIO:__ O ODOO SUPORTA TANTO AVALIAÇÕES DE INVENTÁRIO PERIÓDICAS (MANUAIS) COMO PERPÉTUAS (AUTOMATIZADAS).*

- *__LUCROS FÁCEIS DE RETER: O__ CALCULA AUTOMATICAMENTE OS SEUS GANHOS DO ANO CORRENTE EM TEMPO REAL; PARA QUE NÃO SEJA NECESSÁRIO UM DIÁRIO DE FIM DE ANO OU UM*

ROLLOVER.

> ***- ISTO É CALCULADO REPORTANDO AUTOMATICAMENTE*** *O SALDO DE LUCROS E PERDAS AO SEU RELATÓRIO DE BALANÇO.*

<u>*USUÁRIOS DO SISTEMA*</u>

BASICAMENTE, EXISTEM TRÊS TIPOS DE UTILIZADORES NO MÓDULO DE CONTABILIDADE, *QUE TÊM DIFERENTES TIPOS DE DIREITOS DE ACESSO AO SISTEMA.*

1. ***BILHETE***
2. ***ACCOUNTANTE***
3. ***CONSULTOR***

*QUANDO PASSAMOS DA **FACTURAÇÃO AO CONSULTOR**, O UTILIZADOR OBTERÁ MAIS DIREITOS NA APLICAÇÃO:*

- *A PRINCIPAL COISA QUE UM UTILIZADOR COM APENAS DIREITO DE ACESSO DE **'FACTURAÇÃO'** PODE FAZER É CRIAR E PROCESSAR FACTURAS.*

- *O UTILIZADOR DE FACTURAÇÃO PODE TAMBÉM CRIAR **NOVOS CLIENTES E FORNECEDORES**, ACEDER A INFORMAÇÕES SOBRE PRODUTOS, **IMPOSTOS** E **POSIÇÕES FISCAIS**.*

*O PRÓXIMO NÍVEL DO DIREITO DE ACESSO É **'CONTABILISTA'**. JUNTAMENTE COM OS DIREITOS DISPONÍVEIS PARA O UTILIZADOR DE FACTURAÇÃO, AS CONTAS TÊM MAIS OUTROS DIREITOS.*

- *O CONTABILISTA TEM ACESSO AO **PAINEL DE CONTROLO DA CONTABILIDADE***

- *CONTABILISTA PODE **REGISTAR PAGAMENTOS DE CLIENTES E VENDEDORES**.*

- *ELE PODE **GERAR TE** TODOS OS **RELATÓRIOS EM PDF UM VAILABLE**.*

- *TAMBÉM O CONTABILISTA PODE CONFIGURAR **RELATÓRIOS FINANCEIROS**.*

- *O UTILIZADOR A NÍVEL DE CONSULTOR TEM MAIS DIREITOS DO QUE QUALQUER OUTRO UTILIZADOR NA CONTABILIDADE DOODOO.*

PARA ALÉM DE TODOS OS DIREITOS QUE O CONTABILISTA TEM:

- *CONSELHEIRO PODE **CRIAR PRODUTOS E SERVIÇOS**,*

- *ELES PODEM **CRIAR ARTIGOS PARA O DIÁRIO**,*

- ***GERIR O PLANO DE CONTAS**,*

- ***PAGAMENTOS MANUAIS** E **CONCILIAÇÃO DE FACTURAS**, E*

- *O CONSELHEIRO PODE FAZER **AJUSTES MANUAIS DE IMPOSTOS**.*

- ***O UTILIZADOR A NÍVEL DE CONSULTOR PODE CRIAR NOVOS PERIÓDICOS** E NOVAS CONDIÇÕES DE PAGAMENTO EM ODOO.*

CONFIGURAÇÕES BÁSICAS

***PRIMEIRO, TEMOS DE ESTABELECER CONFIGURAÇÕES GERAIS DA CONTABILIDADE SISTEMA.** PODE ENCONTRAR A CONFIGURAÇÃO BÁSICA E IMPORTANTE ABAIXO.*

- ***CONTABILIDADE >CONFIGURAÇÃO** > ELABORAÇÃO **DE CONTAS** ->**CARTÃO DE CONTAS***

***OO SELECCIONARÁ AUTOMATICAMENTE O PLANO DE CONTAS** RELACIONADO COM O PAÍS QUE SELECCIONOU DURANTE A CRIAÇÃO DE UMA BASE DE DADOS.*

- ***HÁ MAIS DE 50 GRÁFICOS DE UM CCOUNT VEM COM O ODOO.***

PODE ESCOLHER DE ACORDO COM A SUA LOCALIDADE E NECESSIDADE.

- ***CONTABILIDADE >CONFIGURAÇÃO >AGENDAMENTOS ->EXERCÍCIO** FISCAL*

NESTA SECÇÃO PODEMOS ESTABELECER OS NOSSOS CONTROLOS RELACIONADOS COM O EXERCÍCIO FINANCEIRO (ANO FISCAL).

- **A PARTIR DA VERSÃO 9 DO ODOO,** *O ODOO REMOVEU O FECHO FINANCEIRO. MAS PODEMOS CONFIGURAR O EXERCÍCIO FINANCEIRO DO DIA ANTERIOR*

OS LANÇAMENTOS DE BLOQUEIO SÃO PARA EVITAR A EDIÇÃO DE LANÇAMENTOS CONTABILÍSTICOS

DATA DE BLOQUEIO PARA NÃO CONSELHEIROS SIGNIFICA QUE UM *UTILIZADOR* **DE NÍVEL NÃO CONSELHEIRO** *NÃO PODE EDITAR UM REGISTO CONTABILÍSTICO CRIADO NESTA DATA E ANTES.*

NORMALMENTE, UTILIZAMOS ISTO PARA FECHAR UM PERÍODO *DENTRO DE UM EXERCÍCIO FINANCEIRO ABERTO.*

- **DATA DE BLOQUEIO SIGNIFICA QUE** *NEM MESMO O UTILIZADOR DE NÍVEL DE CONSULTOR PODE EDITAR REGISTOS CONTABILÍSTICOS CRIADOS NESTA DATA OU ANTES DELA.*

POR ISSO, O BENEFÍCIO DESTA ABORDAGEM É QUE NÃO TEMOS DE FECHAR O EXERCÍCIO FINANCEIRO *PARA OBTER LUCROS E PERDAS LIMPOS E RELATÓRIO DE BALANÇO.*

OS RELATÓRIOS ESTARÃO SEMPRE ACTUALIZADOS SEM FECHAR *E GERAR ENTRADAS DE ABERTURA.*

TORNA OS RELATÓRIOS DO ODOO *MUITO MAIS FÁCEIS E PODEROSOS.*

- **CONTABILIDADE >CONFIGURAÇÃO >CONFIGURAÇÃO ->CONTABILIZAÇÃO ->CONTABILIZAÇÃO E FINANÇAS**

ESTA SECÇÃO É MUITO IMPORTANTE.

É AQUI QUE ESTAMOS A CONFIGURAR QUAIS SÃO AS **CARACTERÍSTICAS DE** *QUE NECESSITAMOS NO NOSSO SISTEMA DE CONTABILIDADE DOODOO. A PRIMEIRA COISA É A MOEDA POR DEFEITO DA EMPRESA.*

PODE ALTERAR A TAXA DE CÂMBIO, CLICANDO NO BOTÃO. *ABRIRÁ UMA JANELA. AO CLICAR NO BOTÃO* **'VER TAXAS'** *NO TOPO, VERÁ UMA LISTA DAS TAXAS DE CÂMBIO.*

- **ADICIONE** *AQUI* **A TAXA ACTUAL** *DA SUA MOEDA, CLICANDO EM* **<CRIAR>** *BOTÃO.*

NOTA: *TODAS AS OPÇÕES SÃO ROTULADAS COMO "EMPRESA", TAL COMO ESTÃO DISPONÍVEIS APENAS NA VERSÃO EMPRESARIAL DO ODOO.*

NÃO DISCUTIREMOS ESSAS COISAS AQUI.

- **CONTABILIDADE >CONFIGURAÇÃO >AGENDAMENTOS**

  - **CONTABILIDADE ANALÍTICA:** *ESTA FUNCIONALIDADE PODE SER UTILIZADA PARA MUITOS FINS COMO A GESTÃO DO CONCEITO DE CENTRO DE CUSTOS, FACTURAÇÃO DO TEMPO GASTO NUMA TAREFA, ANÁLISE DE DESEMPENHO.*

    - ESTA CARACTERÍSTICA ESTÁ TAMBÉM A SER UTILIZADA PARA A GESTÃO DO ORÇAMENTO. DISCUTIREMOS ESTES ASSUNTOS MAIS TARDE

  - **GESTÃO DE ACTIVOS:** *A ESCOLHA DESTA FUNCIONALIDADE PERMITE-LHE ADQUIRIR O SEU ACTIVO E GERIR A DEPRECIAÇÃO DESSES ACTIVOS*

  - **GESTÃO ORÇAMENTAL.**

  - **PERMITIR UMA BASE DE CAIXA FISCAL:** *O ODOO APOIA TANTO A ABORDAGEM DE ACUMULAÇÃO COMO A DE CAIXA. ESTA OPÇÃO PERMITE QUE O SEU SISTEMA GERE RELATÓRIOS EM REGIME DE CAIXA.*

- **A CCOUNTING>CONFIGURAÇÃO >SETTINGS>MULTI CURRENCIES**

PERMITIR ESTA OPÇÃO PERMITE O MANUSEAMENTO DE MÚLTIPLAS MOEDAS EM ODOO. O SISTEMA DARÁ UMA NOVA OPÇÃO PARA SELECCIONAR O DIÁRIO DE DIFERENÇA DE TAXAS QUANDO MARCAR

ESTA CAIXA DE VERIFICAÇÃO.

- **SE RECEBERMOS O PAGAMENTO CONTRA UMA FACTURA APÓS UM MÊS** *DE CRIAÇÃO DA FACTURA, A TROCA RA TE TE MUITO PROVAVELMENTE MUDOU.*

ESTE DIÁRIO DE DIFERENÇAS DE TAXAS É UTILIZADO PARA CRIAR UM REGISTO DIÁRIO *DE PERDAS OU LUCROS CAUSADOS PELA DIFERENÇA DA TAXA DE CÂMBIO DA MOEDA.*

- **CONTABILIDADE>CONFIGURAÇÃO>INICIALIZAÇÃO>FACTUR AÇÃO E PAGAMENTO**

  NESTA SECÇÃO, SE VERIFICAR QUE PERMITE FACTURAS PRÓ-FORMA, *PERMITIR-LHE-Á COLOCAR AS SUAS FACTURAS NUM ESTADO CHAMADO 'PRÓ-FORMA'.*

  SE TIVER DE DEFINIR QUALQUER RESTRIÇÃO OU UMA MENSAGEM DE AVISO PARA QUALQUER PARCEIRO *ENQUANTO CRIA UMA FACTURA PARA ELE, SELECCIONE UM AVISO INFORMATIVO OU DE BLOQUEIO PODE SER DEFINIDO NUMA OPÇÃO DE PARCEIRO SOB AVISO.*

O IMPOSTO SELECCIONADO COMO IMPOSTO PADRÃO DE VENDA E IMPOSTO PADRÃO DE COMPRA *SERÁ ATRIBUÍDO COMO IMPOSTO DE CLIENTE E IMPOSTO DE FORNECEDOR DE UM PRODUTO/SERVIÇO QUANDO SE CRIA UM NOVO.*

O BOTÃO CONFIGURAR MÉTODOS DE AQUISIÇÃO DE PA YMENT *IRÁ REDIRECCIONÁ-LO PARA A LISTA DE TODAS AS AQUISIÇÕES DE PAGAMENTO DISPONÍVEIS NO ODOO.*

PODE INSTALAR O COMPRADOR DE PAGAMENTOS *A PARTIR DESSA LISTA E PODE TAMBÉM CONFIGURÁ-LOS.*

- **PERMITINDO O USO DA CONTABILIDADE ANGLO-SAXÓNICA MUDARÁ O** *COMPORTAMENTO* **DO SEU SISTEMA** *PARA ANGLO-SAXÓNICO. POR DEFEITO, O ODOO UTILIZA A CONTABILIDADE CONTINENTAL.*

O PREFIXO DA CONTA BANCÁRIA E O PREFIXO DA CONTA DE CAIXA *SÃO UTILIZADOS PARA GERAR CÓDIGOS PARA* ***CONTAS BANCÁRIAS E DE CAIXA.***

- ***E # DE DÍGITOS*** *REPRESENTA O* ***NÚMERO DE DÍGITOS EM CÓDIGO DE CONTA.***

TEM DUAS OPÇÕES NO ***MÉTODO DE ARREDONDAMENTO DO CÁLCULO DO IMPOSTO:***

- ***ARREDONDAMENTO POR LINHA: O*** *MONTANTE DO IMPOSTO SERÁ ARREDONDADO EM CADA LINHA DE FACTURAÇÃO.*
- ***ARREDONDAMENTO GLOBAL: O*** *ARREDONDAMENTO OCORRE APENAS SOBRE O MONTANTE TOTAL DO IMPOSTO.*

A ***MENSAGEM DE PAGAMENTOS EM ATRASO*** *É UTILIZADA EM* ***RELATÓRIOS DE PARCEIROS*** *EM ATRASO.*

PARA QUE POSSA GERAR O RELATÓRIO E ENVIÁ-LO AO SEU CLIENTE/FORNECEDOR SEM FAZER QUALQUER MODIFICAÇÃO.

PASSEMOS PARA AS OUTRAS PARTES DA CONFIGURAÇÃO.

CONFIGURAR CLIENTE/FORNECEDOR

COMO CONFIGURAR UM CLIENTE E OUTRAS COISAS RELACIONADAS SÃO COBERTAS PELO MÓDULO CRM, *NO ENTANTO, OS CAMPOS RELACIONADOS COM A CONTABILIDADE SÃO APENAS MENCIONADOS AQUI.*

PODEMOS SELECCIONAR O PRAZO DE PAGAMENTO DO CLIENTE E O PRAZO DE PAGAMENTO DO FORNECEDOR PARA ESTE CLIENTE. *O TOTAL A RECEBER E O TOTAL A PAGAR SÓ SÃO VISÍVEIS NO MODO DESENVOLVEDOR.*

PODEMOS SELECCIONAR O GRAU DE CONFIANÇA QUE TEM COM ESTE PARCEIRO E TAMBÉM A SUA POSIÇÃO FISCAL. *A CONTA A RECEBER E A CONTA A PAGAR TERÁ UM VALOR POR DEFEITO. MAS PODE MUDAR SE QUISER.*

<u>**CONFIGURAR PRODUTOS**</u>

SOB A GUIA DE FACTURAÇÃO *DO FORMULÁRIO DO PRODUTO, TEMOS:*

1. **CONTA DE RENDIMENTO**
2. **CONTA DE DESPESAS**
3. **IMPOSTOS AO CLIENTE**
4. **IMPOSTOS VENDEDORES**

<u>**ADICIONAR NOVA CONTA**</u>

ENQUANTO INSTALAMOS O ODOO, TÍNHAMOS A OPÇÃO DE ESCOLHER O NOSSO PAÍS.
UTILIZANDO ESSE ODOO DE DADOS INSTALARÁ ESSE REVESTIMENTO ESPECÍFICO DO PAÍS (PLANO DE CONTAS). **SE PRECISAR DE MAIS CONTAS EM COA.** *PODE CRIAR ISSO A PARTIR DO MENU* **'PLANO DE CONTAS'.**

- **CONTABILIDADE ->CONSULTOR ->CARTÃO DE CONTAS**

DEVEMOS TER CUIDADO AO SELECCIONAR O TIPO DE CONTAS. *PODE UTILIZAR OS DETALHES FORNECIDOS NO LADO DIREITO DA JANELA PARA SELECCIONAR O TIPO CORRECTO.*

- **SE SELECCIONARMOS QUALQUER IMPOSTO COMO IMPOSTO POR DEFEITO SOBRE UMA CONTA,** *E NÃO TIVERMOS QUALQUER IMPOSTO MENCIONADO NO PRODUTO, ENTÃO O SISTEMA SELECCIONARÁ ESTE IMPOSTO POR DEFEITO NAS FACTURAS.*

TEMOS DE VERIFICAR A OPÇÃO PERMITIR A RECONCILIAÇÃO. *ESTA CONTA É UTILIZADA PARA A CONCILIAÇÃO E RECONCILIAÇÃO DE FACTURAS E PAGAMENTOS.*

- **SE MARCARMOS UMA CONTA COMO DEPRECIADA,** *NÃO PODEMOS CONTINUAR A UTILIZAR ESSA CONTA. RECEBEREMOS UMA MENSAGEM DE AVISO COMO ESTA.*

- **SE SE SELECCIONAR UMA MOEDA DE CONTA CORRENTE,** *O SISTEMA OBRIGARÁ TODOS OS MOVIMENTOS PARA ESTA CONTA A TER A MESMA MOEDA.*

<u>**CONFIGURAR IMPOSTOS**</u>

EM ODOO PODEMOS CRIAR DIFERENTES TIPOS DE IMPOSTOS. *PARA CRIAR UM NOVO IMPOSTO OU LISTAR TODOS OS IMPOSTOS DO SEU SISTEMA,*

- ***CONTABILIDADE >CONFIGURAÇÃO >CONTABILIDADE >IMPOSTOS***

*PODEMOS VER **OS CAMPOS OBRIGATÓRIOS PARA UM IMPOSTO:***

- ***NOME DO IMPOSTO:*** *NOME DO IMPOSTO*

- ***ÂMBITO DE APLICAÇÃO DO IMPOSTO:*** *ONDE UTILIZAR ESTE IMPOSTO. SE SELECCIONAR "NENHUM", SÓ PODE UTILIZAR ESTE IMPOSTO COM OUTRO GRUPO FISCAL.*

- ***CÁLCULO DE IMPOSTOS:*** *O ODOO TEM QUATRO TIPOS DIFERENTES DE CÁLCULO DE IMPOSTOS*

  - ***GRUPO DE IMPOSTOS***
  - ***CORRIGIDO***
  - ***PERCENTAGEM DE PREÇO***
  - ***PERCENTAGEM DO IMPOSTO SOBRE OS PREÇOS INCLUÍDA***

ALGUMAS OUTRAS OPÇÕES *SÃO:*

- ***CONTA FISCAL:*** *A CONTA, QUE SERÁ UTILIZADA NAS LINHAS DE IMPOSTO DA FACTURA. OS LANÇAMENTOS CONTÁBEIS MANUAIS POSTERIORES SÃO CRIADOS UTILIZANDO ESTA CONTA. SE A DEIXARMOS VAZIA, ENTÃO O ODOO TOMARÁ A CONTA DE DÉBITO/CRÉDITO PADRÃO DO DIÁRIO.*

- ***CONTA FISCAL SOBRE REEMBOLSOS:*** *A CONTA UTILIZADA EM CASO DE ENTRADA DE REEMBOLSO.*

- ***ETIQUETA NAS FACTURAS:*** *ISTO PODE SER UTILIZADO NO RELATÓRIO DE FACTURAÇÃO PARA REPRESENTAR ESTE IMPOSTO. PODEMOS ADICIONAR ETIQUETAS PERSONALIZADAS PARA CRIAR RELATÓRIOS PERSONALIZADOS.*

- ■ *INCLUIR NO CUSTO ANALÍTICO: SE DEFINIRMOS ESTA OPÇÃO, ENTÃO O MONTANTE CALCULADO POR ESTE IMPOSTO SERÁ ATRIBUÍDO À MESMA CONTA ANALÍTICA MENCIONADA A LINHA DE FACTURAÇÃO.*

- ■ *INCLUÍDO NO PREÇO: DEFINIR ESTA OPÇÃO SE ESTE IMPOSTO ESTIVER INCLUÍDO NO PREÇO UNITÁRIO DO PRODUTO/SERVIÇO.*

- ■ *AFECTAR A BASE DOS IMPOSTOS SUBSEQUENTES: SE DEFINIR ESTA OPÇÃO, O MONTANTE BASE DOS IMPOSTOS SUBSEQUENTES SERÁ A SOMA DO MONTANTE BASE ACTUAL E DO MONTANTE DO IMPOSTO DESTE IMPOSTO.*

- ■ *AJUSTAMENTO FISCAL: DEFINA ESTA OPÇÃO SE QUISER QUE ESTE IMPOSTO SEJA UTILIZADO NO ASSISTENTE DE AJUSTE DE IMPOSTO.*

- ■ *GRUPO DE IMPOSTOS: ESTA OPÇÃO PERMITE-NOS CONFIGURAR O IMPOSTO COMO COBRANÇA DE MUITOS IMPOSTOS INFANTIS.*

- OO TORNARÁ VISÍVEL A TABELA PARA SELECCIONAR OS IMPOSTOS INFANTIS
QUANDO SELECCIONAR ESTA OPÇÃO COMO MÉTODO DE CÁLCULO DE IMPOSTOS.

CONFIGURAR POSIÇÕES FISCAIS

OO PODE LIDAR COM CONCEITOS DE MULTI-EMPRESA E MULTI-MOEDA. AQUELES QUE LIDAM CONNOSCO, OU SEJA, CLIENTES E FORNECEDORES, PODEM ESTAR A OPERAR A PARTIR DE OUTRO PAÍS OU ESTADOS.

POR ISSO, AS LEIS E REGULAMENTOS SERÃO DIFERENTES PARA ELES. A POSIÇÃO FISCAL VEM A CALHAR NESTE CASO. PODEMOS MAPEAR IMPOSTOS E CONTAS USANDO A POSIÇÃO FISCAL.

- ■ *CONTABILIDADE >CONFIGURAÇÃO >CONTABILIZAÇÃO >POSIÇÃO FISCAL*

A CARTOGRAFIA FISCAL É OUTRA OPÇÃO ÚTIL PARA CONFIGURAR IMPOSTOS.

<u>**CONFIGURAR CONTAS BANCÁRIAS**</u>

■ *CONTABILIDADE >CONFIGURAÇÃO >CONTABILIZAÇÃO >CONTAS* BANCÁRIAS.

AQUI PODE VER A LISTA DE TODAS AS CONTAS BANCÁRIAS CONFIGURADAS NESTE SISTEMA.

PARA CONFIGURAR UM NOVO CLIQUE SOBRE O BOTÃO <CRIAR>. IRÁ ABRIR UM FORMULÁRIO PARA PREENCHER OS DETALHES NECESSÁRIOS.

- *MOSTRAR NO RODAPÉ DAS FACTURAS, SE ACTIVARMOS ESTA FUNCIONALIDADE, OS DETALHES DESTA CONTA SERÃO MOSTRADOS NAS FACTURAS E NAS ORDENS DE VENDA.*

- *O MÉTODO DE DÉBITO É O MÉTODO DE COBRANÇA E O MÉTODO DE PAGAMENTO É O MÉTODO DE ENVIO DE DINHEIRO*

DIFERENTES MÓDULOS FORNECEM MÉTODOS DIFERENTES, SELECCIONADOS DE ACORDO COM A NECESSIDADE.

- *CRIAR/SELECIONAR O BANCO A PARTIR DA LISTA DE BANCOS.*

<u>**CONFIGURAR PERIÓDICOS**</u>

■ *CONTABILIDADE >CONFIGURAÇÃO >CONTABILIZAÇÃO >DIÁRIOS.*

MANDA TOR. CAMPOS Y SÃO:

1. *NOME*
2. *TIPO*

EXISTEM CINCO TIPOS DE PERIÓDICOS EM ODOO.

1. *VENDA: UTILIZAÇÃO PARA DIÁRIO DE FACTURAS DE CLIENTES*
2. *COMPRAS*
3. *DINHEIRO*

4. *BANCO*
5. *GERAL*

CÓDIGO CURTO: *OO IRÁ CRIAR UM NÚMERO DE SEQUÊNCIA PARA CADA REVISTA QUE CRIARMOS. OS LANÇAMENTOS DE DIÁRIO DESTE DIÁRIO UTILIZAM ESTE CÓDIGO CURTO COMO PREFIXO DE GERAÇÃO DE SEQUÊNCIA. EXISTEM ALGUNS OUTROS CAMPOS:*

- **CONTA DE DÉBITO PADRÃO:** *É A CONTA PADRÃO PARA O MONTANTE DE DÉBITO.*
- **CONTA DE CRÉDITO POR DEFEITO:** *É A CONTA DE CRÉDITO POR DEFEITO PARA O MONTANTE DO CRÉDITO.*
- **MOEDA:** *PODEMOS ESPECIFICAR AQUI A MOEDA UTILIZADA PARA INTRODUZIR DECLARAÇÕES. ALGUMAS OPÇÕES ADICIONAIS ESTÃO DISPONÍVEIS EM* **'DEFINIÇÕES AVANÇADAS'.**

SOB CONTROLO - ÁREA DE ACESSO, *PODEMOS ESTABELECER ALGUM CONTROLO SOBRE ESTA REVISTA.*
MAS ESTES **SÓ SÃO VISÍVEIS EM MODO DE REVELAÇÃO***:*

- **TIPOS DE CONTA PERMITIDOS:** *SE MENCIONARMOS AQUI QUAISQUER CONTAS, ESTA REVISTA SÓ PODE CRIAR ENTRADAS PARA ESSE TIPO DE CONTAS*

- **CONTAS PERMITIDAS:** *TAL COMO OS TIPOS, SE MENCIONARMOS CONTAS AQUI, O DIÁRIO NÃO PODE UTILIZAR OUTRAS CONTAS ALÉM DESTAS.*

- **MOSTRAR O DIÁRIO NO PAINEL DE INSTRUMENTOS:** *MARCANDO ESTA OPÇÃO ADICIONARÁ OS DETALHES DESTE DIÁRIO NO PAINEL DE INSTRUMENTOS COMO UM AZULEJO*

- **CONFIGURAR OS TERMOS DE PAGAMENTO:** *PODEMOS TER DE UTILIZAR TERMOS DE PAGAMENTO DIFERENTES, COMO, PAGAMENTO IMEDIATO, 30% DE ADIANTAMENTO E SALDO APÓS UM MÊS, ETC. EM DIFERENTES SITUAÇÕES.*

    - PODEMOS GERIR ISTO COM AS CONDIÇÕES DE PAGAMENTO DO ODOO

O PRAZO DE PAGAMENTO TEM DIFERENTES TIPOS DE VENCIMENTO.

- **BALANÇO**
- **PERCENTAGEM**
- **MONTANTE FIXADO**

TAMBÉM DIFERENTES PARÂMETROS DE *CÁLCULO DA DATA DE VENCIMENTO:*

- *Nº DO(S) DIA(S) APÓS A DATA DA FACTURA*
- *Nº DE DIA(S) APÓS O FIM DO MÊS DA FACTURA*
- *ÚLTIMO DA Y DO MÊS SEGUINTE*
- *ÚLTIMO DA Y DO MÊS CORRENTE*

PODEMOS UTILIZAR A COMBINAÇÃO DESTES PARA CRIAR UM *NOVO PRAZO DE PAGAMENTO.*

- **PARA EXEMPLO:** *PRAZO DE PAGAMENTO: 30% IMEDIATO E SALDO NO FINAL DO MÊS CORRENTE. NESTE CASO, TEMOS DE CRIAR UM PRAZO DE PAGAMENTO COM DOIS DOS TIPOS DE PAGAMENTO ACIMA REFERIDOS.*

  - **EM PERCENTAGEM:** *TEMOS DE SELECCIONAR '0 DIA(S) APÓS A DATA DA FACTURA' E COLOCAR O VALOR COMO 30,0*

  - **EM EQUILÍBRIO:** *ESCOLHEMOS O 'ÚLTIMO DIA DO MÊS CORRENTE'.*

PAINEL DE CONTROLO DA CONTABILIDADE

O PAINEL DE INSTRUMENTOS É AGRADÁVEL E SIMPLES. OBTERÁ O ESTADO DAS SUAS CONTAS A PARTIR DO PRÓPRIO PAINEL DE INSTRUMENTOS.

- **PODE TAMBÉM IR A MUITAS OUTRAS PARTES DA SUA APLICAÇÃO DE CONTABILIDADE** A PARTIR DESTE PAINEL DE BORDO.

PODE CRIAR NOVAS FACTURAS DE CLIENTES, FACTURAS DE FORNECEDORES, NOVOS EXTRACTOS BANCÁRIOS E NOVAS TRANSACÇÕES EM DINHEIRO A PARTIR DESTE PAINEL DE CONTROLO.

QUANDO CLICAR EM "MAIS", VERÁ MAIS OPÇÕES RELACIONADAS.

- **HÁ MUITAS FEA TURES A CCESSIBLE FROM DASHBOARD.**

PODE IR À LISTA DE REGISTOS DIFERENTES, CRIAR NOVOS REGISTOS, *PODE* **FAZER A CORRESPONDÊNCIA DE PAGAMENTOS** *A PARTIR DO PRÓPRIO PAINEL DE INSTRUMENTOS.*

<u>*CRIAR TING E PROCESSAR UMA FACTURA*</u>

■ **CONTABILIDADE >VENDAS >FACTURAÇÃO** *AO CLIENTE* **>CRIAR**

FACTURA EM ODOO HA VE CINCO ESTADOS.

1. **RASCUNHO: O** *ESTADO DE RASCUNHO É UTILIZADO QUANDO UM UTILIZADOR ESTÁ A CRIAR UMA FACTURA NOVA OU NÃO CONFIRMADA*

2. **PRO-FORMA: O** *ESTATUTO PRO-FORMA É UTILIZADO QUANDO A FACTURA NÃO TEM UM NÚMERO DE SEQUÊNCIA. ESTE ESTADO NEM SEMPRE ESTÁ ACTIVO. TEMOS DE O ACTIVAR A PARTIR DAS DEFINIÇÕES DE CONTA, VERIFICANDO* **"PERMITIR FACTURAS PROFORMA".**

3. **ABERTO:** *UMA FACTURA TORNA-SE ABERTA QUANDO O UTILIZADOR VALIDA A FACTURA. A PARTIR DESTA FASE, A FACTURA TERÁ UM NÚMERO DE SEQUÊNCIA GERADO PELO PRÓPRIO ODOO.*

   - **A FACTURA** *PERMANECERÁ NESTE ESTADO AINDA O UTILIZADOR REGISTA O PAGAMENTO DO MONTANTE TOTAL CONTRA ESTE É VOZ.*

4. **PAGADO:** *QUANDO A FACTURA ESTIVER TOTALMENTE PAGA.*

5. **CANCELAR: O** *ESTADO DE CANCELAMENTO É UTILIZADO QUANDO O UTILIZADOR CANCELA UMA FACTURA.*

PODE VER O ESTADO ACTUAL DA FACTURA NA BARRA DE ESTADO. **PODE** *VER OUTRAS INFORMAÇÕES RELACIONADAS COM ESTAS*

*FACTURAS NO SEPARADOR **'OUTRAS INFORMAÇÕES'.***

- **A NOSSA FACTURA AINDA ESTÁ NO ESTADO DE "RASCUNHO". UM RASCUNHO DE FACTURA NÃO FARÁ QUALQUER DIFERENÇA NA CONTABILIDADE.** *OS LANÇAMENTOS CONTABILÍSTICOS SÓ SÃO CRIADOS APÓS A VALIDAÇÃO DA FACTURA.*

A VALIDAÇÃO DE UMA FACTURA IRÁ CONFIRMAR A FACTURA. *CRIARÁ UM LANÇAMENTO DIÁRIO, A FACTURA RECEBERÁ UM NÚMERO DE SEQUÊNCIA, E O ESTADO DA FACTURA ESTARÁ EM **"ABERTO"**. AGORA PODEMOS FAZER O PAGAMENTO CONTRA ESSA FACTURA.*

- ■ *PODE VALIDAR UMA FACTURA, CLICANDO NO BOTÃO **'VALIDAR'**.*

AO CLICAR EM 'REGISTAR PAGAMENTO', *PODE REGISTAR UM PAGAMENTO CONTRA ESTA FACTURA.*

PODEMOS ESCOLHER UM DIÁRIO DE PAGAMENTOS (DINHEIRO/BANCO/...) *AQUI E O MONTANTE DE PAGAMENTO SERÁ O MONTANTE TOTAL RESIDUAL DESSA FACTURA. SE ESTIVERMOS A REGISTAR UM PAGAMENTO PARCIAL, ENTÃO PODEMOS ALTERAR O VALOR AÍ.*

- • **O ESTADO DA FACTURA TORNAR-SE-Á "PAGO"** *ASSIM QUE REGISTARMOS O PAGAMENTO INTEGRAL CONTRA ELA.*

SE O CLIENTE FEZ ALGUM PAGAMENTO ADIANTADO *OU TEM ALGUM SALDO ANTERIOR NO NOSSO SISTEMA, O ODOO INFORMARÁ O CLIENTE DESTA FORMA.*

- • **PODE ATRIBUIR ESSE SALDO POR LIQUIDAR CLICANDO NO BOTÃO ADICIONAR ÀQUELE PAGAMENTO PENDENTE.**

<u>PAGAMENTOS</u>

PODE CRIAR/LISTAR TODA A LISTA DE PAGAMENTOS DE CLIENTES E PAGAMENTOS DE FORNECEDORES *A PARTIR DO MENU DE PAGAMENTOS. PAGAMENTOS HA VE **QUATRO STA TES:***

1. **PROJECTO**
2. **POSTIDO**

3. *ENVIADO*
4. *RECONCILADO*

UM RASCUNHO DE PAGAMENTO TORNA-SE PUBLICADO *QUANDO O UTILIZADOR CLICA NO BOTÃO VALIDAR. TORNA-SE RECONCILIADO QUANDO É ATRIBUÍDO CONTRA UMA FACTURA.*

PAGAMENTO MANUAL & CORRESPONDÊNCIA DE FACTURAS

ESTE FEA TURE PERMITE AO UTILIZADOR MA MA TIZAR OS PA YMENTOS E FACTURAS E RECONCILIÁ-LOS. *O PRÓPRIO UTILIZADOR SELECCIONARÁ A ENTRADA MAIS ADEQUADA.*

- ■ **SE QUISER MUDAR, PODEMOS FAZER ISSO.** *PODE TAMBÉM ACEDER A ISTO A PARTIR DO PAINEL DE BORDO.*

ESTA CARACTERÍSTICA É UTILIZADA PARA CORRIGIR MANUALMENTE A DECLARAÇÃO DE CUBA *ATRAVÉS DE UMA OPERAÇÃO DIVERSA.*

AQUI SÓ PODE SELECCIONAR OS IMPOSTOS MARCADOS COMO **"AJUSTAMENTO FISCAL".** *O ENVIO DE DADOS CRIARÁ UM REGISTO DIÁRIO COM OS DETALHES FORNECIDOS.*

TRABALHAR COM EXTRACTO BANCÁRIO

PODE CRIAR UM NOVO EXTRACTO BANCÁRIO E MAPEAR ESSAS TRANSACÇÕES *COM O LIVRO RAZÃO GERAL DE TRANSACÇÕES EM ODOO.*

USANDO O NOVO BOTÃO DE DECLARAÇÃO *PODEMOS CRIAR UM NOVO EXTRACTO BANCÁRIO.*

AQUI PODE COLOCAR TODOS OS DETALHES DAS TRANSACÇÕES. *UM EXTRACTO BANCÁRIO TEM DOIS ESTADOS:*

1. *NOVO*
2. *VALIDADO*

TEMOS DE RECONCILIAR A DECLARAÇÃO PARA QUE SEJA VALIDADA. OO *SELECCIONARÁ O REGISTO DE TRANSACÇÃO BANCÁRIA MAIS CORRESPONDENTE A PARTIR DO LIVRO RAZÃO GERAL, TAL COMO*

A CORRESPONDÊNCIA DE PAGAMENTO.

- CLICANDO NO BOTÃO RECONCILIAR *IRÁ COMPLETAR O PROCESSO.*

GESTÃO DE ACTIVOS

A GESTÃO DE ACTIVOS DAO PERMITE-LHE LOCALIZAR OS SEUS ACTIVOS FIXOS COMO, EQUIPAMENTO, MOBILIÁRIO, VEÍCULOS, TERRENOS, ETC. *PODE COMPRAR, VENDER E GERIR A DEPRECIAÇÃO UTILIZANDO O ODOO.*

PODEMOS CONFIGURAR CATEGORIAS DE ACTIVOS EM ODOO. *ISTO FACILITARÁ AS COISAS AOS UTILIZADORES NORMAIS, FORNECENDO DETALHES COMPLEXOS NA CATEGORIA E UTILIZANDO-A EM ACTIVOS.*

CREA TE TIPO DE ACTIVO

■ **CONTABILIDADE >CONFIGURAÇÃO >GESTÃO >TIPO DE** *ACTIVOS*

O CONSULTOR PODE DAR AQUI AS CONTAS APROPRIADAS PARA GERAR LANÇAMENTOS DE DIÁRIO. *ELE PODE TAMBÉM FORNECER DETALHES PARA CALCULAR A DEPRECIAÇÃO. HÁ MUITAS COISAS A FORNECER*

- ■ **MÉTODO TEMPORAL BASEADO EM:** *MÉTODO PARA CALCULAR A DATA DE DEPRECIAÇÃO E O NÚMERO DE LINHAS DE DEPRECIAÇÃO. TEMOS AQUI DUAS OPÇÕES.*

- ■ **NÚMERO DE AMORTIZAÇÕES:** *AO ESCOLHER ESTA OPÇÃO, ESTAMOS A FIXAR O NÚMERO DE AMORTIZAÇÕES E O TEMPO ENTRE DUAS DEPRECIAÇÕES.*

- ■ **DATA FINAL:** *DESTA FORMA, EM VEZ DE DAR O NÚMERO DE DEPRECIAÇÃO. DAMOS A DATA DE QUE A DEPRECIAÇÃO NÃO IRÁ ALÉM DE*

- ■ **MÉTODOS DE CÁLCULO:** *AQUI PODEMOS ESCOLHER O MÉTODO A UTILIZAR PARA O CÁLCULO DO MONTANTE DA DEPRECIAÇÃO. AQUI TAMBÉM TEMOS DUAS OPÇÕES*

- ■ *UMA UTO-CONFIRMAÇÃO DE BENS: ASSINALAR ESTA OPÇÃO CONFIRMARÁ AUTOMATICAMENTE TODOS OS BENS QUE SE INSEREM NESTA CATEGORIA QUANDO CRIADOS A PARTIR DAS FACTURAS.*

- ■ *ENTRADAS DE DIÁRIOS DE GRUPO: SE QUISER AGRUPAR OS LANÇAMENTOS DE DIÁRIO GERADOS UTILIZANDO A CATEGORIA, ASSINALE ESTA OPÇÃO.*

CRIAR ASSET

PODEMOS CRIAR UM ACTIVO DE DUAS MANEIRAS:

1. *MANUALMENTE*
2. *DA FACTURA DO FORNECEDOR*

PARA CRIAR UM BEM MANUALMENTE:

- ■ *CONTABILIDADE >VISORAD >IMPRESSOS*

AQUI PODEMOS PREENCHER OS DETALHES DO SEU BEM:

- ■ *VALOR RESIDUAL: ESTA É A QUANTIA QUE PLANEIA TER E QUE NÃO PODE DEPRECIAR-SE*
- ■ *FORNECEDOR: O FORNECEDOR A QUEM COMPRÁMOS ESTE BEM*
- ■ *FACTURA: A FACTURA RELACIONADA COM A COMPRA DESTE BEM*

UM BEM TEM TRÊS ESTADOS:

1. *PROJECTO*
2. *EXECUTIVA*
3. *FECHAR*

UMA VEZ CRIADO UM BEM, DEVEMOS CONFIRMÁ-LO. PODEMOS TAMBÉM CLICAR NO BOTÃO DE DEPRECIAÇÃO COMPUTORIZADA PARA VERIFICAR O QUADRO DE DEPRECIAÇÃO ANTES DE CONFIRMAR O BEM.

ENTÃO O BEM MUDARÁ PARA O ESTADO DE FUNCIONAMENTO, PODENDO-SE VER O QUADRO DE DEPRECIAÇÃO.

- **BOTÃO VERMELHO** *INDICA QUE NÃO É CRIADA UMA ENTRADA NO DIÁRIO RELACIONADA E*
- **BALA VERDE** *SIGNIFICA QUE A ENTRADA NO DIÁRIO FOI CRIADA PARA ESTA LINHA*

PODE VENDER OU ALIENAR O BEM USANDO O BOTÃO "VENDER OU ALIENAR" NA BARRA DE ESTADO. *CRIARÁ UMA ENTRADA NO DIÁRIO PARA AFIXAR A DESPESA TOTAL DO BEM. MAS NÃO IRÁ CRIAR UM LANÇAMENTO DE VENDA OU UMA FACTURA.*

PARA MODIFICAR A DEPRECIAÇÃO DE UM BEM, *CLICAR NO BOTÃO <MODIFICAR DEPRECIAÇÃO E FORNECER OS VALORES EM CONFORMIDADE. CRIAR UM ACTIVO A PARTIR DA FACTURA DO FORNECEDOR É MAIS FÁCIL,* **SÓ TEMOS DE DAR A CATEGORIA DO ACTIVO.**

- **O IRÁ CRIAR ACTIVOS COM BASE NOS DADOS DA CATEGORIA E FACTURA.**

SE DEFINIRMOS A CATEGORIA DO ACTIVO NO PRÓPRIO PRODUTO, ENTÃO A CATEGORIA DO ACTIVO NA LINHA DE FACTURAÇÃO SERÁ UMA SELECÇÃO UTOMATICAMENTE SELECCIONADA.

SERÁ AUTOMATICAMENTE CONFIRMADO *SE ASSINALARMOS A* **OPÇÃO DE AUTOCONFIRMAÇÃO DE ACTIVOS DA CATEGORIA DE ACTIVOS.**

- **CONTABILIDADE> CONSELHEIRO> GERAR ENTRADAS DE ACTIVOS,** *É UMA OPÇÃO PARA DESENCADEAR A GERAÇÃO DE ENTRADAS DE DEPRECIAÇÃO DE ACTIVOS*

PODE SELECCIONAR UM CLIENTE PARA UMA CONTA ANALÍTICA. *ENTÃO, ISTO SERÁ ADICIONADO AO NOME DA CONTA ANALÍTICA. FACILITARÁ A SELECÇÃO DA CONTA ANALÍTICA.*

- *PODE VER AS ENTRADAS ANALÍTICAS EM* **CONTABILIDADE> CONSELHEIRO> ENTRADAS ANALÍTICAS.**

AO CONTRÁRIO DA ENTRADA NO DIÁRIO DE CONTABILIDADE GERAL, A ENTRADA ANALÍTICA NÃO TEM DÉBITO/CRÉDITO. É TRATADO COM VALOR NEGATIVO E POSITIVO PARA AMOUNT'. AO CLICAR NESTE BOTÃO INTELIGENTE DE CUSTO/RECEITA, PODEMOS VER AS ENTRADAS ANALÍTICAS DESSA CONTA.

GESTÃO ORÇAMENTAL

A GESTÃO ORÇAMENTAL DESEMPENHA UM PAPEL IMPORTANTE NO SUCESSO DE QUALQUER NEGÓCIO. PODEMOS VERIFICAR O NOSSO ESTADO FINANCEIRO COM OS DETALHES PLANEADOS UTILIZANDO A SECÇÃO DE GESTÃO ORÇAMENTAL DO ODOO.

OO UTILIZA A SUA CONTABILIDADE GERAL E ANALÍTICA NA GESTÃO ORÇAMENTAL. PRECISAMOS DE CONFIGURAR TRÊS COISAS PARA TRABALHAR COM A GESTÃO ORÇAMENTAL DO ODOO:

1. *POSIÇÕES ORÇAMENTAIS*
2. *CONTAS ANALÍTICAS*
3. *ORÇAMENTO*

AS POSIÇÕES ORÇAMENTAIS SÃO UMA ESPÉCIE DE MAPEAMENTO DA CONTABILIDADE GERAL COM ORÇAMENTOS. VAMOS CRIAR UMA POSIÇÃO ORÇAMENTAL. PODEMOS CRIAR UMA POSIÇÃO ORÇAMENTAL A PARTIR DO PRÓPRIO ORÇAMENTO, OU PODEMOS CRIAR A PARTIR DE:

- *CONTABILIDADE >CONFIGURAÇÃO >GESTÃO > POSIÇÃO ORÇAMENTAL*

O PAPEL DA CONTABILIDADE ANALÍTICA SURGE QUANDO TEMOS DE OBTER OS DETALHES COM BASE NUM CLIENTE/FORNECEDOR ESPECÍFICO OU NUM PROJECTO. JÁ DISCUTIMOS COMO PODEMOS CRIAR UMA CONTA ANALÍTICA.

POR ISSO, ESTAMOS A AVANÇAR PARA A CONFIGURAÇÃO DO ORÇAMENTO. NESSA ALTURA, TEMOS DE FORNECER O NOSSO MONTANTE PLANEADO PARA ESSA POSIÇÃO. ADICIONAR OUTROS CAMPOS NECESSÁRIOS.

AGORA PODE VER QUE HÁ QUATRO COLUNAS NA TABELA:

1. *MONTANTE PREVISTO: O MONTANTE QUE MEDIMOS*

2. **MONTANTE PRÁTICO:** *É O MONTANTE REAL*

3. **MONTANTE TEÓRICO:** *É O MONTANTE QUE PODERÍAMOS TER GASTO/RECEBIDO ATÉ HOJE "SE O MONTANTE PLANEADO FOR DE 12000, ENTÃO DURANTE UM ANO, ENTÃO NO DIA 31 DE JANEIRO O MONTANTE TEÓRICO SERÁ DE 1000. A 31 DE MAIO SERÁ 5000, A 31 DE DEZEMBRO SERÁ 12000".*

4. **ACHIEVEMENT:** *PERCENTAGEM DO MONTANTE PRÁTICO EM RELAÇÃO AO MONTANTE TEÓRICO.*

TEMOS DE CONFIRMAR E APROVAR O ORÇAMENTO. *PODE VERIFICAR O ORÇAMENTO EM QUALQUER ALTURA.*

RELAÇÃO COM OS CLIENTES
CLIENTES
ADMINISTRAÇÃO

<u>**GESTÃO DA RELAÇÃO COM O CLIENTE**</u>

A GESTÃO DA RELAÇÃO COM O CLIENTE, QUE É A PARTE MAIS IMPORTANTE DE UM NEGÓCIO, É SIMPLIFICADA COM O SISTEMA ODOO CRM.

O CRM É UMA COMBINAÇÃO DE 8 APLICAÇÕES E PLUGINS. PARA UMA GESTÃO EFICIENTE DA RELAÇÃO COM O CLIENTE, É NECESSÁRIO INSTALAR TODAS AS SEGUINTES APLICAÇÕES/PLUGINS.

- *CRM E SEGUINTES APLICAÇÕES OPCIONAIS PODEM MELHORAR AINDA MAIS AS CAPACIDADES DE CRM*
- *CRM GAMIFICA ÇÃO*
- *CAMPANHA DE MARKETING*
- *SURVEY CRM*
- *FORMULÁRIO DE CONTACTO*
- *CONVENDEDORES*
- *LEAD TO ISSUE*
- *OPORTUNIDADE DE COTAÇÃO*

UMA VEZ QUE UMA DISCUSSÃO SOBRE CRM NÃO PODE SER CONCLUÍDA SEM PROCEDIMENTO DE VENDAS, NESTA SECÇÃO EXPLICAREMOS CRM COMBINADO COM MÓDULO DE VENDAS.

PARA OBTER CARACTERÍSTICAS DE VENDA NO SEU ERP TEM DE INSTALAR AS SEGUINTES APLICAÇÕES DO ODOO.

- *VENDAS, EQUIPAS DE VENDAS*
- *VENDAS E GESTÃO DE MRP*
- *MARGENS NAS ORDENS DE VENDA, ETC.*

A PRIMEIRA APLICAÇÃO 'VENDAS' POR SI SÓ PODE FACILITAR TODOS OS PROCEDIMENTOS RELACIONADOS COM AS VENDAS RESTIS OPÇÕES. NO ENTANTO, PARA UMA MELHOR GESTÃO DE VENDAS, PODE TAMBÉM INSTALAR O RESTO DAS APLICAÇÕES. PODE ENCONTRAR MAIS APLICAÇÕES RELACIONADAS A PARTIR DO SEPARADOR DAS APLICAÇÕES NO SEU ERP.

- *EM COMPARAÇÃO COM OUTRAS APLICAÇÕES CRM COMO FORÇA DE VENDAS, ZOHO, E AÇÚCAR CRM ODOO TEM MUITAS CARACTERÍSTICAS ÚNICAS.*

SE CONSIDERARMOS O CASO DA 'FORÇA DE VENDAS' **ODOO TEM UMA VANTAGEM DE CARACTERÍSTICAS COMO:**

- **LISTA DE PREÇOS, MODELOS DE COTAÇÃO, ASSINATURA ELECTRÓNICA, PAGAMENTO EM LINHA, FACTURAÇÃO, PORTAL DO CLIENTE, INTEGRAÇÃO DE EXPEDIDORES, SEGUIMENTO DE LEADS, INTEGRAÇÃO DE REDES SOCIAIS, ETC.**

SE FOR NO CASO DO ZOHO, *A LISTA MUDA PARA:*

- **GESTÃO DE CONDUTAS, ACÇÃO SEGUINTE, MÚLTIPLAS EMPRESAS POR CONTRATO, LISTA DE PREÇOS, MODELOS DE COTAÇÃO, ASSINATURA ELECTRÓNICA, GESTÃO DE ARRASTAR E LARGAR, ETC.**

SEM DÚVIDA QUE A INTERFACE DE UTILIZADOR ODOO É A MAIS FÁCIL E FÁCIL DE UTILIZAR *ENTRE TODAS ESTAS CRM'S. ALGUMAS DAS CARACTERÍSTICAS ÚTEIS DO ODOO CRM INCLUEM:*

- **ACTIVIDADES PRIORITÁRIAS:** *PRIORIDADES AS ACTIVIDADES DE ACOMPANHAMENTO EM PREPARAÇÃO E CUMPRIR OS SEUS OBJECTIVOS DE FORMA EFICIENTE*

- **ACOMPANHAR AS SUAS ACTIVIDADES DE VENDAS: ACOMPANHE** *MAIS FACILMENTE AS FASES DE VENDAS ATRAVÉS DA VISUALIZAÇÃO DO KANBAN DO PIPELINE DE VENDAS.*

- **AGENDAR REUNIÕES:** *AGENDAR REUNIÕES DIRECTAMENTE A PARTIR DA OPORTUNIDADE DO CLIENTE*

- **PAINÉIS DE BORDO:** *OBTENHA TODOS OS DETALHES NECESSÁRIOS DAS ACTIVIDADES COMERCIAIS EM CURSO E REALIZADAS NO SEU PAINEL DE BORDO*

- **ENTRAR EM CONTACTO COM OS CLIENTES:** *MANTENHA A COMUNICAÇÃO COM OS CLIENTES VIA E-MAIL, TELEFONE, CHAT, E REDES SOCIAIS A PARTIR DO SEU ODOO CRM.*

- **PROMOÇÃO DE LEADS:** *INICIAR A CAMPANHA ENVIANDO E-MAILS GERADOS AUTOMATICAMENTE AOS CLIENTES EM LEADS. DESIGNAR UM VENDEDOR PARA SEGUIR O LEAD E PROMOVER O*

MESMO.

- ***ANÁLISE DE OPORTUNIDADES:*** *ANALISE O SEU PIPELINE DE OPORTUNIDADES COM FILTROS AVANÇADOS, AGRUPAMENTO, DRILL DOWN, ETC.*

- ***LEAD SCORING:*** *PONTUE AS SUAS PISTAS COM BASE EM CRITÉRIOS EXPLÍCITOS E IMPLÍCITOS E DECIDA QUE PISTA SATISFAZ A REFERÊNCIA PARA SE TORNAR OPORTUNIDADE.*

- ***ALERTAS PERSONALIZADOS:*** *DEFINIR ALERTAS PERSONALIZADOS PARA OPORTUNIDADES COM BASE EM ALGUMAS ACTIVIDADES*

- ***ANALISAR AS OPORTUNIDADES PERDIDAS:*** *ANALISAR AS RAZÕES POR DETRÁS DA PERDA DE OPORTUNIDADES E MELHORAR A SUA EFICIÊNCIA DE VENDAS.*

- ***GEOIP:*** *DETECTAR PAÍSES, ESTADOS E CIDADES DE PISTAS AUTOMATICAMENTE A PARTIR DO SEU ENDEREÇO IP DE VISITANTE.*

- ***AUTOMATIZAR ROTINAS E CONCENTRAR-SE NAS VENDAS:*** *AUTOMATIZAR ACTIVIDADES COMERCIAIS DE ROTINA, NÃO PERDER TEMPO COM A MANUTENÇÃO DE DADOS.*

<u>CRM FLUXO DE TRABALHO GERAL</u>

CRM IN ODOO PODE SER EXPLICADO COMO UMA SÉRIE DE EVENTOS QUE COMEÇAM COM A IDENTIFICAÇÃO DE UM CHUMBO *(UMA POSSIBILIDADE DE VENDA FUTURA) E PASSAM POR DIFERENTES FASES COMO:*

- ***OPORTUNIDADE, COTAÇÃO, ORDEM DE VENDA E VENDA EFECTIVA (GERAÇÃO DE FACTURA E PAGAMENTO).***

O INTEGRA O MÓDULO DE GESTÃO DE CLIENTES *JUNTAMENTE COM ESTES PROCESSOS PARA REALIZAR* ***UMA GESTÃO EFICAZ DA RELAÇÃO COM OS CLIENTES.***

AS ETAPAS BÁSICAS ENVOLVIDAS NO SEGUIMENTO DE UMA VENDA PODEM SER LISTADAS COMO SE SEGUE:

- **CHUMBO:** *UMA POSSÍVEL VENDA FUTURA, PODE SER CRIADA SÓ PORQUE UM UTILIZADOR CONSULTOU UM PRODUTO*

- **OPORTUNIDADE:** *MAIS POSSIBILIDADE DE VENDA. AQUI EM DIANTE, A ORGANIZAÇÃO PODE NOMEAR UMA PESSOA PARA ACOMPANHAR O CLIENTE*

- **GASODUTO:** *É UM MECANISMO CONVENIENTE PROPORCIONADO PELO ODOO PARA SEGUIR AS OPORTUNIDADES. PODE CRIAR MUITAS FASES COM BASE NA POSSIBILIDADE DE VENDA E RASTREAR DE FORMA MAIS EFICAZ.*

- **COTAÇÃO:** *UMA VEZ GANHA A OPORTUNIDADE, ENTÃO O PRÓXIMO NÍVEL É FAZER UMA COTAÇÃO E ENVIAR PARA O CLIENTE*

  - EM SEGUIDA, A COTAÇÃO MUDA PARA ORDEM DE VENDA E DEPOIS PARA GERAÇÃO DE FACTURAS E PAGAMENTO.

USUÁRIOS DO SISTEMA: *EXISTEM TRÊS TIPOS DE UTILIZADORES POR DEFEITO NO QUE DIZ RESPEITO AO MÓDULO* **CRM (INCLUINDO VENDAS + COMPRAS + GESTÃO DE CLIENTES).**

- **GERENTE:** *QUEM TERÁ ACESSO COMPLETO SOBRE TODOS ESTES MÓDULOS DE VENDA, COMPRA*

- **UTILIZADOR - APENAS DOCUMENTOS PRÓPRIOS:** *ESTE UTILIZADOR TERÁ A PERMISSÃO PARA CONTROLAR OS DOCUMENTOS E ENTRADAS CRIADOS POR ELE. POR EXEMPLO, PODE RESTRINGIR O ACESSO DE UM EXECUTIVO DE VENDAS A OUTROS DOCUMENTOS DE EXECUTIVOS DE VENDAS.*

- **UTILIZADOR - TODOS OS DOCUMENTOS:** *PODE SER UM CHEFE DE VENDAS, TEM DE VISUALIZAR TODOS OS DOCUMENTOS POR TODOS OS REPRESENTANTES DE VENDAS.*

GESTÃO DE CLIENTES
CRIAR CLIENTE

BASICAMENTE, EM ODOO CRM UMA PESSOA QUE SE ACRESCENTA É CHAMADA PARCEIRO E *NÃO CLIENTE, OU SEJA, PODE MANTER A ENTIDADE TANTO COMO CLIENTE COMO FORNECEDOR.*

- ***VENDAS ->CUSTOMERS ->CREA TE***

TICK É UM CLIENTE, É UMA CAIXA DE VERIFICAÇÃO DE VENDEDOR EM VENDAS E COMPRAS, *DE ACORDO COM A NATUREZA DA ENTIDADE.*

- ***UTILIZAR O*** *SEPARADOR DE* ***DESIGNAÇÃO DE PARCEIROS*** *PARA RASTREAR A GEO-LOCALIZAÇÃO DO CLIENTE*
  - ***A GUIA DE CONTABILIDADE PODE SER UTILIZADA*** *PARA ADICIONAR INFORMAÇÕES CONTABILÍSTICAS DA ENTIDADE.*
  - ***ESCOLHER ENTRE INDIVIDUAL,*** *BOTÃO DE RÁDIO DA EMPRESA EM CONFORMIDADE*
  - ***CLICAR NO BOTÃO ACTIVO PARA ACTIVAR O PERFIL PARA UTILIZAÇÃO*** *(CASO CONTRÁRIO, NÃO SERÁ LISTADO NOUTRO LOCAL.*

SE FORMOS AO SEPARADOR DE VENDAS E COMPRAS, *PODEMOS ESPECIFICAR UM VENDEDOR QUE SE ENCARREGA DE COMUNICAR COM ESTE CLIENTE. PODEMOS TAMBÉM ESCOLHER QUE ESTE CLIENTE DEVE PODER OU NÃO RECEBER NOTIFICAÇÕES POR E-MAIL.*

- ***SE ESTA OPÇÃO ESTIVER ACTIVADA,*** *ENTÃO ESTE* ***CLIENTE RECEBERÁ E-MAILS PARA CADA NOTIFICAÇÃO NA SUA CAIXA DE ENTRADA.***

O CAMPO, 'MAILING OPT-OUT' *É REALMENTE ÚTIL NOS CASOS EM QUE NÃO PRECISAMOS DE RECEBER QUAISQUER MENSAGENS DE CORREIO ELECTRÓNICO DE CAMPANHAS DE CORREIO OU DE MARKETING EM MASSA.*

- ***SE ESTA OPÇÃO ESTIVER ACTIVADA,*** *ESTE* ***CLIENTE NÃO RECEBERÁ QUAISQUER E-MAILS DE CAMPANHAS DE CORREIO E MARKETING EM MASSA.***

O NÚMERO DE MENSAGENS DE CORREIO ELECTRÓNICO

DEVOLVIDAS SERÁ EXIBIDO NO CAMPO 'BOUNCE'. PARA FORNECER ACESSO AO PORTAL, PRECISAMOS DE CONFIGURAR O E-MAIL E ACTIVAR A OPÇÃO 'IN PORTAL' PARA ESSES CLIENTES.

***AO CLICAR NA OPÇÃO 'GESTÃO DE ACESSO AO PORTAL',** APARECERÁ UM NOVO ASSISTENTE. AQUI PODEMOS INTRODUZIR O ENDEREÇO DE CORREIO ELECTRÓNICO. A OPÇÃO 'NO PORTAL' DEVE SER SELECCIONADA PARA AQUELES CONTACTOS AOS QUAIS DESEJAMOS PERMITIR O ACESSO AO PORTAL.*

***UMA VEZ PREENCHIDOS OS DETALHES E APLICADO,** SERÁ ENVIADO UM E-MAIL PARA O ENDEREÇO DE E-MAIL ESPECIFICADO. COM O ACESSO AO PORTAL ACTIVADO, O UTILIZADOR PODE INICIAR SESSÃO NO ODOO A PARTIR DA LIGAÇÃO FORNECIDA NO E-MAIL*

ACTUALIZAR/APAGAR OS DADOS DE UM CLIENTE

- ***VENDAS ->CUSTOMERS***

- CLIQUE EM QUALQUER UM DOS CLIENTES A PARTIR DA VISÃO KANBAN

- *CLICK <**EDIT**> PARA FAZER MODIFICAÇÕES*
- *OU ENCONTRAR MAIS DETALHES RELACIONADOS COM O CLIENTE NO SEPARADOR DE ACÇÃO*

***NOTA:** "PODE SALTAR DIRECTAMENTE DESTA JANELA PARA AS OPORTUNIDADES, REUNIÕES, FACTURAS, TAREFAS, LIVRO RAZÃO E QUAISQUER DETALHES LIGADOS AO SEU CLIENTE".*

GESTÃO DE PRODUTOS

***PARA VENDER QUALQUER PRODUTO, DEVEMOS CRIAR UM PRODUTO OU ADICIONAR UM PRODUTO AO NOSSO INVENTÁRIO.** EMBORA SEJA UMA ACTIVIDADE FEITA DE GESTÃO DO INVENTÁRIO DO ÚBERE, O MÓDULO DE VENDAS DO ODOO FORNECE UMA LIGAÇÃO RÁPIDA SOB*

- ***VENDAS** > **SEPARADOR** PRODUTOS **PARA EXECUTAR FUNÇÕES DE GESTÃO DE PRODUTOS COMO ADICIONAR STOCK DE ACTUALIZAÇÃO DE PRODUTOS, ETC.***

***PARA VER A FUNCIONALIDADE COMPLETA E OS PROCESSOS NA GESTÃO DE PRODUTOS** REFERIR O MÓDULO DE GESTÃO DE INVENTÁRIO.*

<u>**RASTREIO PRÉ-VENDA**</u>

<u>**GERAÇÃO DE CHUMBO**</u>

PARA MANUSEAR AS NOSSAS PISTAS COM O ODOO, *PRIMEIRO TEMOS DE ACTIVAR A OPÇÃO DE PISTAS A PARTIR DAS DEFINIÇÕES.*

- **VENDAS ->CONFIGURAÇÃO -> DEFINIÇÕES**

APÓS ESTA OPÇÃO ESTAR ACTIVADA, *APARECERÁ UM NOVO MENU PARA A CRIAÇÃO DAS PISTAS.*

- **VENDAS -> LEADS -> CREA TE**

NO FORMULÁRIO DE CRIAÇÃO DE LEADS, PODEMOS SELECCIONAR UM CLIENTE *OU PODEMOS CRIAR UM NOVO CLIENTE E LIGAR-NOS A ESTE LEAD. O ENDEREÇO COMPLETO DESTE CLIENTE PODE SER ESPECIFICADO AQUI.*

- *EXISTEM ALGUNS CAMPOS OPCIONAIS TAIS COMO* **E-MAIL, NOME DE CONTACTO, CARGO, TELEMÓVEL, TELEFONE, FAX, ETC.** *ESTÃO DISPONÍVEIS.*

OS RESPECTIVOS VENDEDORES *SERÃO AUTOMATICAMENTE PREENCHIDOS E A SUA EQUIPA DE VENDAS SERÁ TAMBÉM SELECCIONADA AUTOMATICAMENTE. OU PODE GERAR LEADS A PARTIR DE MENSAGENS RECEBIDAS*

HÁ VÁRIAS MANEIRAS DE A SUA EMPRESA GERAR PISTAS COM O ODOO CRM. *UMA DELAS É UTILIZAR O ENDEREÇO DE CORREIO ELECTRÓNICO GENÉRICO DA SUA EMPRESA COMO GATILHO PARA CRIAR UMA NOVA PISTA NO SISTEMA.*

EM ODOO, CADA UMA DAS SUAS EQUIPAS DE VENDAS ESTÁ LIGADA AO SEU PRÓPRIO ENDEREÇO DE CORREIO ELECTRÓNICO. *PODE* **CONFIGURAR ESTE E-MAIL PARA GERAR LEADS AUTOMATICAMENTE.**

PARA ISSO, PRIMEIRO PRECISAMOS DE CONFIGURAR **OS SERVIDORES DE ENTRADA E SAÍDA DE CORREIO A PARTIR DAS DEFINIÇÕES.**

<u>*OPORTUNIDADES*</u>

- **VENDAS -> LETRAS.** *CLIQUE CONVERTER PARA OPORTUNIDADE*

  - **SE SELECCIONARMOS A ACÇÃO DE CONVERSÃO 'CONVERTER PARA OPORTUNIDADE',** *ENTÃO UMA NOVA OPORTUNIDADE SERÁ CRIADA.*

  - **SE 'FUNDIR COM AS OPORTUNIDADES EXISTENTES' FOR SELECCIONADA,** *ENTÃO APARECERÁ UMA NOVA OPÇÃO QUE NOS PERMITIRÁ SELECCIONAR AS OPORTUNIDADES.*

PODEMOS ATRIBUIR ESTA OPORTUNIDADE A UM VENDEDOR E À SUA EQUIPA. *AO MESMO TEMPO QUE CRIAMOS AS OPORTUNIDADES, É OPCIONAL PARA NÓS LIGÁ-LO A UM CLIENTE.*

  - **SE SELECCIONARMOS A OPÇÃO "NÃO LIGAR A UM CLIENTE",** *ENTÃO NENHUM CLIENTE SERÁ LIGADO A UM CLIENTE.*

EXISTEM OUTRAS OPÇÕES DISPONÍVEIS PARA LIGAR COM O CLIENTE EXISTENTE *OU PARA CRIAR UM NOVO CLIENTE E LIGAR COM ELE. OU PODE CRIAR OPORTUNIDADES DIRECTAMENTE:*

- **VENDAS -> O MEU PIPELINE -> CREA TE**

  - **NOTA: "UMA VEZ CONVERTIDO UM CHUMBO EM OPORTUNIDADE, É PIPELINADO"** *GASODUTO DE VENDAS.*

APÓS A CRIAÇÃO DAS OPORTUNIDADES, *SERÁ AFIXADO NA SECÇÃO DO PIPELINE DE VENDAS.* **A PARTIR DO MENU 'O MEU PIPELINE',** *PODEMOS VER QUE TODAS AS OPORTUNIDADES SÃO AGRUPADAS PELAS SUAS FASES CORRESPONDENTES.*

UMA DAS PRINCIPAIS CARACTERÍSTICAS DO ODOO É A FACILIDADE DE "ARRASTAR E LARGAR" NESTA VISTA. *PODEMOS MUDAR O ESTATUTO OU A FASE DE UMA OPORTUNIDADE SIMPLESMENTE ARRASTANDO DE UMA FASE PARA OUTRA.*

<u>CONFIGURAÇÕES DE CONDUTAS</u>

PODEMOS CONFIGURAR AS ETAPAS QUE QUEREMOS UTILIZAR NA NOSSA CONDUTA. *SOB O MÓDULO CRM:*

■ **CONFIGURAÇÃO -> LEADS E OPORTUNIDADES -> ETAPAS**

AQUI PRECISAMOS DE FORNECER UM NOME DE FASE, E UMA PROBABILIDADE DE FASE *PARA ESPECIFICAR A PROBABILIDADE DO CHUMBO QUANDO ESSE CHUMBO SE ENCONTRA NESTA FASE. PODEMOS RELACIONAR ESTA FASE COM UMA EQUIPA DE VENDAS, SE NECESSÁRIO. SE SELECCIONARMOS UMA EQUIPA, ENTÃO ESTA FASE SERÁ ACESSÍVEL APENAS A ESSES MEMBROS DA EQUIPA.*

<u>EDITAR/ACTUALIZAR O CONTEÚDO DOS OLEODUTOS</u>

■ **VENDAS ->MY PIPELINE**

- **PARA CRIAR NOVAS OPORTUNIDADES, CLIQUE NO BOTÃO 'CRIAR'.** *EDITAR UMA OPORTUNIDADE EXISTENTE, SELECCIONAR QUALQUER UMA DAS OPORTUNIDADES DA LISTA.*

- **PODEMOS USAR O CAMPO 'CLIENTE'** *PARA SELECCIONAR O CLIENTE RELACIONADO COM ESTA OPORTUNIDADE*

AS RECEITAS ESPERADAS DESTA OPORTUNIDADE E A PROBABILIDADE DE GANHAR ESTA VANTAGEM *E CONVERTÊ-LA NAS NOSSAS VENDAS TAMBÉM SERÃO MOSTRADAS AQUI.*

UMA VEZ QUE TENHAMOS DEFINIDO QUALQUER REUNIÃO RELACIONADA COM ESTA OPORTUNIDADE, *PODE SER VISTA CLICANDO NO BOTÃO NO CANTO SUPERIOR DIREITO DESTE FORMULÁRIO. SERÁ MOSTRADO O NÚMERO DE REUNIÕES.*

NO SEPARADOR DE INFORMAÇÕES DE CONTACTO, OS DETALHES DO CONTACTO *RELACIONADO COM ESTA OPORTUNIDADE PODEM SER ESPECIFICADOS.*

■ **OS BOTÕES, "MARCA GANHA" E "MARCA PERDIDA"** *SÃO USADOS PARA MARCAR A OPORTUNIDADE COMO GANHA OU PERDIDA.*

<u>*PRÓXIMO CAMPO DE ACTIVIDADE EM PREPARAÇÃO*</u>

ESTA OUTRA IMPORTANTE CONFIGURAÇÃO DISPONÍVEL EM PREPARAÇÃO. EM CADA FASE DO OLEODUTO PODEMOS DESIGNAR A PRÓXIMA ACTIVIDADE A SER FEITA PARA O SEGUIMENTO DESSA OPORTUNIDADE. PARA DEFINIR A PRÓXIMA ACTIVIDADE

- *VENDAS -> O MEU PIPELINE*

NO FUNDO DIREITO DE CADA CHUMBO, PODEMOS VER UM SÍMBOLO DE PONTO BRANCO, QUE PODE SER UTILIZADO PARA ATRIBUIR AS PRÓXIMAS ACTIVIDADES A ESTA OPORTUNIDADE.

AO CLICAR NELE, APARECERÁ UM NOVO FEITICEIRO, QUE NOS PERMITIRÁ CRIAR A PRÓXIMA ACTIVIDADE.

A ACTIVIDADE SEGUINTE PODE SER E-MAIL, CHAMADA OU TAREFA. DEVEMOS DEFINIR A DATA E O RESUMO PARA ESPECIFICAR O OBJECTIVO DESTA ACTIVIDADE.

- *NOTA: "PODE SEGUIR TODA A 'PRÓXIMA ACTIVIDADE' REGISTADA A PARTIR DE VENDAS -> PRÓXIMAS ACTIVIDADES".*

<u>*COTAÇÃO*</u>
<u>*CRIAR COTAÇÃO*</u>

UMA VEZ QUE A OPORTUNIDADE TENHA SIDO 'GANHA', O PRÓXIMO NÍVEL É INICIAR O PROCEDIMENTO DE VENDAS EFECTIVO. ASSIM, O PRIMEIRO PASSO É PREPARAR UM ORÇAMENTO E ENVIÁ-LO AO CLIENTE. PODE CRIAR UMA COTAÇÃO POR DOIS MÉTODOS.

1. *VENDAS -> COTAÇÃO -> CRIAR*

- *O CAMPO DATA DE EXPIRAÇÃO É UTILIZADO PARA DEFINIR A VALIDADE OU DATA DE EXPIRAÇÃO DESTA CITAÇÃO. (SE ESTE CAMPO NÃO FOR DEFINIDO, SERÁ AUTOMATICAMENTE CALCULADO COM BASE NO MODELO A ELE ASSOCIADO SE A COTAÇÃO ONLINE FOR INSTALADA).*

- *OS TERMOS DE PAGAMENTO ESPECIFICAM AS CONDIÇÕES DE PAGAMENTO DE UMA FACTURA. (PODEMOS DEFINI-LA COMO, SE O CLIENTE PAGAR NO PRAZO DE 10 DIAS, RECEBERÁ*

20% DE DESCONTO, ETC.) PODEMOS CONCEDER DESCONTOS ÀS LINHAS DE ENCOMENDA, ACTIVANDO A OPÇÃO A PARTIR DAS DEFINIÇÕES.

- ***O BOTÃO 'ENVIAR POR E-MAIL'*** *PODE SER UTILIZADO PARA ENVIAR ESTA COTAÇÃO AO CLIENTE POR E-MAIL.*

- ***SOB O SEPARADOR "OUTRAS INFORMAÇÕES",*** *PODEMOS FORNECER O VENDEDOR RELACIONADO E A SUA EQUIPA.*

OU PODE CRIAR UMA CITAÇÃO A PARTIR DO SEU OLEODUTO. *UMA VEZ QUE A OPORTUNIDADE SEJA GANHA (ATINGIU A SUA FASE FINAL DE CONFIRMAÇÃO), EXISTE UM BOTÃO DIRECTO PARA CRIAR UMA COTAÇÃO PARA ESSA OPORTUNIDADE.*

2. *VENDAS -> **O MEU PIPELINE** -> **GANHOU** (OU QUALQUER QUE SEJA A FASE FINAL) **SELECCIONAR QUALQUER UMA** DAS **OPORTUNIDADES 'GANHAS'.***
   - *<NOVA CITAÇÃO>*

ORDEM DE VENDA & FACTURAÇÃO
CREA TE ORDEM DE VENDA

POIS NO CASO DA COTAÇÃO PODEMOS CRIAR UMA ORDEM DE VENDA DE DUAS MANEIRAS.

- *VENDAS -> **ORDENS DE VENDA** -> **CREA TE***

AQUI TEMOS UMA JANELA PARA CRIAR UMA COTAÇÃO CRIAR COTAÇÃO *E CLICAR CONFIRMAR VENDA PARA CRIAR ORDEM DE VENDA.*

- *- **UMA VEZ CRIADA A ORDEM DE VENDA,** TAMBÉM SE PODE ACEDER AO MESMO A PARTIR DO MÓDULO DE INVENTÁRIO.*

CRIAR INVOICE

- *VENDAS ->**FACTURAÇÃO** -> **VENDAS A FACTURA***
- *SELECCIONAR A ORDEM DE VENDA A FACTURAR.*

TAL COMO A CITAÇÃO, *É-NOS POSSÍVEL ESPECIFICAR **O VENDEDOR E***

A EQUIPA DE VENDAS RELACIONADA SOB O SEPARADOR *"OUTRAS INFORMAÇÕES"*.

- ***O BOTÃO 'LOCK' É UTILIZADO PARA BLOQUEAR ESTA ORDEM DE VENDA.*** *UMA VEZ TRANCADA, NÃO PODE SER EDITADA. MAS PODEMOS ENTREGAR OU CRIAR FACTURAS PARA ESTA ENCOMENDA.*

- ***O ESTADO DA FACTURA DESTA ENCOMENDA*** *SERÁ MOSTRADO NO SEPARADOR DE OUTRAS INFORMAÇÕES.*

- ***CLIQUE EM CRIAR FACTURA*** *PARA GERAR FACTURA*

- ***A PRIMEIRA OPÇÃO IRÁ FACTURAR TODOS OS*** *PRODUTOS* ***FACTURÁVEIS*** *NESTA ENCOMENDA.*

- ***A SEGUNDA OPÇÃO PODE SER UTILIZADA PARA DEDUZIR O PAGAMENTO DA ENTRADA*** *E AS OUTRAS DUAS SÃO PARA FORNECER O PAGAMENTO DA ENTRADA.*

- ***SE O UTILIZADOR CRIAR ESTA FACTURA NÃO TIVER UM CESSO NA SECÇÃO DE CONTABILIDADE,*** *PODE APENAS CRIAR A FACTURA. MAS NÃO PODERÁ VÊ-LA OU ACEDER À MESMA.*

RELATÓRIO

PODEMOS ACEDER A VÁRIOS TIPOS DE RELATÓRIOS EM ODOO. *É POSSÍVEL ANALISAR AS PISTAS E OPORTUNIDADES COM BASE NA EQUIPA, VENDEDOR, ESTADO, ETC.*

- ***VENDAS -> RELATÓRIOS***

OUTRAS DEFINIÇÕES ÚTEIS

ENCOMENDAR UPSELL

- ***VENDAS -> FACTURAÇÃO -> ENCOMENDAS PARA UPSELL MENU LISTARÁ AS ENCOMENDAS*** *DE PRODUTOS COM UMA POLÍTICA DE FACTURAÇÃO BASEADA EM QUANTIDADES ENCOMENDADAS PARA AS QUAIS TENHA ENTREGUE MAIS DO QUE O QUE FOI ENCOMENDADO*

<u>**PERMITIR MAIS DO QUE UM CAMPO DE ENDEREÇO PARA O
CLIENTE**</u>

**SE PRECISARMOS DE TER TRÊS ENDEREÇOS DIFERENTES PARA
CLIENTE,** *ENTREGA E FACTURA, PRECISAMOS DE ACTIVAR ESTA
OPÇÃO A PARTIR DE*

- **VENDAS** *->CONFIGURAÇÃO ->***CONFIGURAÇÃO ->ENDEREÇO -
>***ENDEREÇO*

APÓS ACTIVAR ESTA OPÇÃO, *PODEMOS VER OS NOVOS CAMPOS QUE
APARECERAM PARA A INTRODUÇÃO DESTES ENDEREÇOS. ESTES
ENDEREÇOS SERÃO TAMBÉM MOSTRADOS NOS RELATÓRIOS.*

<u>**CRIAÇÃO DE MARGEM PARA VENDAS**</u>

- **VENDAS ->CONFIGURAÇÃO ->AJUSTES -> MARGEM**

APÓS TER SIDO ACTIVADA, *PODEMOS VER A OPÇÃO DE MARGEM NA
ORDEM DE VENDA.*

<u>**ELABORAÇÃO DE LISTAS DE PREÇOS DE VENDA**</u>

**PARA UTILIZAR PREÇOS DIFERENTES PARA PRODUTOS BASEADOS
NOS CLIENTES E OUTROS CRITÉRIOS,** *PODEMOS UTILIZAR A LISTA DE
PREÇOS:*

- **VENDAS ->CONFIGURAÇÃO -> DEFINIÇÕES -> PREÇOS**
- **A PRIMEIRA OPÇÃO** *PERMITIR-NOS-Á UTILIZAR UM PREÇO FIXO
POR PRODUTO.*
- **SEGUNDA OPÇÃO,** *PODEMOS DEFINIR PREÇOS DIFERENTES
PARA UM PRODUTO POR CADA CLIENTE.*
- **TERCEIRO PODE SER UTILIZADO** *PARA CRIAR REGRAS DE
PREÇOS MAIS AVANÇADAS.*

<u>**DEFINIR A PRÓXIMA ACTIVIDADE**</u>

- **VENDAS -> CONFIGURAÇÃO -> LEADS E OPORTUNIDADES ->
ACTIVIDADES -> CRIAR**
- **PREENCHER OS CAMPOS E <GUARDAR>**

<u>*MÉTODO DE ENTREGA DE CONFIGURAÇÃO*</u>

- *VENDAS ->CONFIGURAÇÃO -> MÉTODOS DE ENTREGA -> CREA TE*
- *PREENCHER OS CAMPOS E <GUARDAR>*
- *NÃO SE ESQUEÇA DE O MARCAR ACTIVO E PUBLICAR NO SÍTIO*

CAPÍTULO 2: GESTÃO DE COMPRAS

TAL COMO AS VENDAS, É REALMENTE FÁCIL GERIR AS NOSSAS COMPRAS USANDO O ODOO. *PODEMOS GERAR COTAÇÕES, CONVERTÊ-LAS EM ORDEM DE COMPRA E GERAR FACTURAS FACILMENTE.*

APÓS INSTALAR O MÓDULO DE GESTÃO DE COMPRAS A PARTIR DA LISTA DE APLICAÇÕES, *PODEMOS VER O ITEM DO MENU 'COMPRAS' NO NOSSO ODOO ERP.*

VOUCHERS DE VENDA E COMPRA, GESTÃO DE COMPRAS E MRP, REQUISIÇÕES DE COMPRA, ETC. *SÃO ALGUMAS OUTRAS APLICAÇÕES ÚTEIS QUE PODEM MELHORAR AINDA MAIS AS FUNCIONALIDADES DE GESTÃO DE COMPRAS.*

COMO TODOS SABEM, A COMPRA É UM PROCESSO DE COMPRA DE BENS, SERVIÇOS, MATERIAIS RA W E PEÇAS SOBRESSALENTES *DE FORNECEDORES PARA UMA ORGANIZAÇÃO. GERALMENTE, A GESTÃO DE COMPRAS É UMA DAS SECÇÕES MAIS CRUCIAIS DE UMA ORGANIZAÇÃO.*

- ***O PROCESSO DE COMPRA NUMA EMPRESA*** *DEVE RECEBER A MÁXIMA ATENÇÃO.*

SE HOUVER UM PROBLEMA NO DEPARTAMENTO DE COMPRAS, ENTÃO SURGIRÃO PROBLEMAS NA SECÇÃO DE PRODUÇÃO, SECÇÃO DE VENDAS E, EM ÚLTIMA ANÁLISE, REDUZIRÁ O DESEMPENHO DA ORGANIZAÇÃO.

DAÍ QUE UM MECANISMO EFICAZ DE GESTÃO DE COMPRAS É INEVITÁVEL EM QUALQUER ORGANIZAÇÃO. *A GESTÃO DE COMPRAS PODE MELHORAR:*

- ***O SEU FLUXO DE TRABALHO DE COMPRAS,*** *DEPENDENDO DOS* ***NÍVEIS DE STOCK, ORDENS DE VENDA****,* ***ORDENS DE FABRICO PREVISTAS*** *E ASSIM POR DIANTE.*

AQUI ESTÃO ALGUMAS CARACTERÍSTICAS DO SOFTWARE DE GESTÃO DE COMPRAS ODOO.
ALGUMAS DAS CARACTERÍSTICAS ÚTEIS DA GESTÃO DE COMPRAS DO ODOO INCLUEM:

1. ***AUTOMATIZE O SEU FLUXO DE COMPRAS:*** *AQUI PODEMOS ENVIAR AUTOMATICAMENTE RFQ S- (PEDIDO DE COTAÇÕES) AOS SEUS FORNECEDORES COM BASE NOS SEUS NÍVEIS DE STOCKS.*

   ISTO MELHORARÁ O SEU DESEMPENHO EM TERMOS DE COMPRAS E INVENTÁRIO, *JUNTAMENTE COM REGRAS DE AQUISIÇÃO, DEPENDENDO DOS NÍVEIS DE STOCK, REGRAS LOGÍSTICAS, E ORDENS DE VENDA, ORDENS DE FABRICO PREVISTAS, ETC.*

   - ***SELECCIONE UM ESQUEMA DE RECARGA DIFERENTE PARA CADA PRODUTO,*** *DEPENDENDO DAS SUAS ESTRATÉGIAS DE FABRICO/ENTREGA.*

2. ***LISTAS DE PREÇOS DE FORNECEDORES &PRODUTO UMA VAILABILIDADE:*** *PODEMOS FACILMENTE TOMAR DECISÕES DE COMPRA EFICIENTES UTILIZANDO OS MELHORES PREÇOS.*

   COM ISTO, PODEMOS FACILMENTE IMPORTAR LISTAS DE PREÇOS E REFERÊNCIAS DE FORNECEDORES *PARA TOMAR DECISÕES DE COMPRA RÁPIDAS E ADEQUADAS COM BASE EM DIFERENTES POLÍTICAS DE FORNECEDORES, QUANTIDADES, E CONDIÇÕES CONTRATUAIS ESPECIAIS.*

   - ***PODEMOS FACILMENTE ACOMPANHAR A DISPONIBILIDADE DO PRODUTO*** *NO INVENTÁRIO DO SEU FORNECEDOR E PODE TAMBÉM VERIFICAR O ESTADO DA SUA ENCOMENDA.*

3. ***OBTER A MELHOR OFERTA COM PROPOSTAS DE COMPRA:*** *OBTER O MELHOR PREÇO ATRAVÉS DE NEGOCIAÇÃO / NEGOCIAÇÃO COM DIFERENTES VENDEDORES.*

   - ***PODEMOS LANÇAR CONCURSOS DE COMPRA E SIMPLESMENTE INTEGRAR AS*** *RESPOSTAS* ***DOS FORNECEDORES*** *NO PROCESSO QUE NOS AJUDAM A COMPARAR AS PROPOSTAS DOS DIFERENTES FORNECEDORES;*

   - ***ESCOLHER A MELHOR OFERTA E ENVIAR ORDENS DE COMPRA EM SEGUNDOS.*** *PODEMOS TAMBÉM UTILIZAR OS*

RELATÓRIOS PARA ANALISAR A PROPOSTA DOS SEUS VENDEDORES POSTERIORMENTE.

4. ***OBTER ESTATÍSTICAS SOBRE AS SUAS COMPRAS:*** *ANALISAR, PREVER E PLANEAR EFICIENTEMENTE AS SUAS ENCOMENDAS EM PASSOS SIMPLES.*

   OBTER ESTATÍSTICAS PRECISAS SOBRE O DESEMPENHO DOS SEUS FORNECEDORES ATRAVÉS DE *RELATÓRIOS* ***FLEXÍVEIS*** *SOBRE ATRASOS DE ENTREGA, DESCONTOS NEGOCIADOS SOBRE PREÇOS, QUANTIDADES ADQUIRIDAS, ETC.*

   - ***INTEGRAR AS COMPRAS COM A CONTABILIDADE ANALÍTICA*** *PARA ANALISAR A RENTABILIDADE DOS SEUS CONTRATOS.*

5. ***GERIR VÁRIAS EMPRESAS:*** *UTILIZANDO AS REGRAS MULTI-EMPRESAS DO ODOO, PODEMOS POUPAR TEMPO E ESFORÇO.*

   - ***PODEMOS UTILIZAR UMA ÚNICA INSTÂNCIA DE ODOO PARA SINCRONIZAR OPERAÇÕES*** *ENTRE DIFERENTES EMPRESAS.*

AO UTILIZAR ISTO *PODEMOS CRIAR:* ***ENCOMENDAS DE VENDAS, PARTILHAR CLIENTES, FORNECEDORES E PRODUTOS*** *E* ***GESTÃO DE FACTURAS*** *PARA TODAS AS EMPRESAS AO* ***MESMO TEMPO.***

PODE DISPOR DE AINDA MAIS TEMPO AO AUTOMATIZAR O PROCESSO DE FACTURAÇÃO *ENTRE TODAS AS EMPRESAS.* ***TOTALMENTE INTEGRADO COM OUTRAS APLICAÇÕES DO ODOO****:

- ***INVENTÁRIO:*** *SINCRONIZE OS SEUS NÍVEIS DE STOCKS COM BASE NAS SUAS COMPRAS E CRIE REGRAS DE SUBSTITUIÇÃO AUTOMÁTICA PARA EVITAR A SITUAÇÃO DE RUPTURA DE STOCK*

- ***INVOICANDO:*** *CONVERTER AS SUAS ORDENS DE COMPRA NUMA FACTURA DO FORNECEDOR PARA EVITAR A DUPLICAÇÃO DA ENTRADA.*

- ***CONTABILIDADE:*** *OBTER A SUA CONTABILIDADE MAIS EXACTA INTEGRANDO ORDENS DE COMPRA E FACTURAS.*

- **CONTROLAR A FACTURAÇÃO:** *O MÓDULO DE COMPRAS O ERP É INTEGRADO COM INVENTÁRIO, FACTURA, CONTABILIDADE PARA QUE POSSA TORNAR O PROCESSO SIMPLES, E PRECISO.*

<u>USUÁRIOS DO SISTEMA</u>

EXISTEM TRÊS TIPOS DE UTILIZADORES POR DEFEITO NO QUE DIZ RESPEITO AO *MÓDULO* **CRM** *(INCLUINDO VENDAS + COMPRAS + GESTÃO DE CLIENTES).*

1. **GERENTE:** *QUEM TERÁ ACESSO COMPLETO SOBRE TODOS ESTES MÓDULOS DE VENDA, COMPRA*

2. **APENAS DOCUMENTOS PRÓPRIOS DO UTILIZADOR:** *ESTE UTILIZADOR TERÁ A PERMISSÃO PARA CONTROLAR OS DOCUMENTOS E ENTRADAS CRIADOS POR ELE.*

   - **POR EXEMPLO, PODE RESTRINGIR** *O ACESSO DE* **UM EXECUTIVO DE VENDAS** *A OUTROS DOCUMENTOS DE EXECUTIVOS DE VENDAS.*

3. **UTILIZADOR - TODOS OS DOCUMENTOS:** *POR EXEMPLO, UM CHEFE DE VENDAS TEM DE VER DOCUMENTOS CRIADOS POR TODOS OS EXECUTIVOS DE VENDAS.*

GESTÃO GERAL DO FLUXO DE TRABALHO DE GESTÃO DE COMPRAS.

- **UM PEDIDO DE ORÇAMENTO (RFQ):** *É UTILIZADO QUANDO PLANEIA ADQUIRIR ALGUNS PRODUTOS E GOSTARIA DE RECEBER UMA COTAÇÃO PARA ESSES PRODUTOS.*

  EM ODOO, O PEDIDO DE ORÇAMENTO É UTILIZADO PARA ENVIAR A SUA LISTA DE PRODUTOS DESEJADOS AO SEU FORNECEDOR. *UMA VEZ QUE O SEU FORNECEDOR TENHA RESPONDIDO AO SEU PEDIDO, PODE OPTAR POR AVANÇAR COM A OFERTA E COMPRAR OU RECUSAR A OFERTA.*

- **UM CONCURSO DE COMPRA (PT):** *TAMBÉM CONHECIDO COMO CONCURSO PÚBLICO, É UTILIZADO PARA IMPULSIONAR A CONCORRÊNCIA ENTRE VÁRIOS FORNECEDORES, A FIM DE OBTER A MELHOR OFERTA PARA UMA LISTA DE PRODUTOS.*

EM COMPARAÇÃO COM O RFQ, É ENVIADA UMA PROPOSTA DE COMPRA A MÚLTIPLOS FORNECEDORES, DECLARANDO QUE CADA UM DELES ESTÁ A COMPETIR ENTRE SI, E QUE A MELHOR OFERTA SERÁ GANHA.

- **O PRINCIPAL INTERESSE** *É QUE NORMALMENTE LEVA A MELHORES OFERTAS.*

- **O PEDIDO DE COMPRA (PO):** *É A ENCOMENDA REAL QUE COLOCA AO FORNECEDOR QUE ESCOLHEU, QUER ATRAVÉS DE UMA RFQ, UMA PROPOSTA DE COMPRA, OU SIMPLESMENTE QUANDO JÁ SABE QUAL O FORNECEDOR A QUEM ENCOMENDAR.*

  - **O PROCESSO DE COMPRA COMEÇA COM A ORDEM DE COMPRA E TERMINA COM A RECEPÇÃO DO BEM/SERVIÇO.**

EM ODOO PODE CRIAR DIRECTAMENTE UMA ORDEM DE COMPRA (PO) *OU PODE SOLICITAR UMA COTAÇÃO E CRIAR PO APENAS DEPOIS DE VERIFICAR A COTAÇÃO PELO FORNECEDOR.* **PODE OPTAR POR IR À PROPOSTA DE COMPRA** *EM CASO DE* **LICITAÇÃO COMPETITIVA.**

DE QUALQUER FORMA, CADA COMPRA TERÁ UMA ORDEM DE COMPRA E O PO GERARÁ UMA FACTURA, *E DEPENDENDO DO CONTRATO COM O SEU FORNECEDOR, SERÁ OBRIGADO A PAGAR A FACTURA ANTES OU DEPOIS DA ENTREGA.*

COTAÇÃO E ORDEM DE COMPRA

PEDIDO DE ORÇAMENTO

A COTAÇÃO CONTÉM OS DETALHES DOS PRODUTOS QUE QUEREMOS COMPRAR AOS NOSSOS FORNECEDORES.

- *COMPRA > PEDIDO DE QUOTA TION > CREA TE*

- *SELECCIONAR O FORNECEDOR/VENDEDOR.*

- *A DATA DA ENCOMENDA SERÁ PREENCHIDA AUTOMATICAMENTE, QUANDO CRIARMOS O DOCUMENTO.*

- *A DATA PREVISTA NA LINHA DE ENCOMENDA ESPECIFICA QUE QUANDO DEVEMOS RECEBER OS PRODUTOS.*

EM ENTREGAS & FACTURAS PODE ENCONTRAR OUTROS CAMPOS IMPORTANTES COMO:

- *ENTREGUE-SE A: INDICAR O LOCAL DE ENTREGA (PARA SABER MAIS SOBRE A LOCALIZAÇÃO CONSULTE O INVENTÁRIO)*

- *CLIQUE CONFIRMAR ENCOMENDA PARA CRIAR NOVA ORDEM DE COMPRA*

- *CLICAR NO BOTÃO 'RECEBER PRODUTOS', PARA RECEBER OS PRODUTOS, O UTILIZADOR DEVE SER UM GESTOR DE INVENTÁRIO.*

- *O MESMO PROCESSO TAMBÉM PODE SER FEITO ATRAVÉS DO MÓDULO DE INVENTÁRIO. TODAS AS ORDENS DE COMPRA SERÃO LISTADAS NA SECÇÃO DE INVENTÁRIO.*

- *PODE VER O ESTADO DO ENVIO A PARTIR DO BOTÃO "SHIPMENTS*

BILHETE DE VENDEDOR

PARA CRIAR UMA FACTURA CORRESPONDENTE A UMA ORDEM DE VENDA:

- *VENDAS -> CONTROLO -> FACTURAS DO VENDEDOR -> CREA TE*
- *ESCOLHER FORNECEDOR E ORDEM DE VENDA NA LISTA SUSPENSA.*

- *A CONTA PASSA POR TRÊS FASES: "PROJECTO", "ABERTO", E "PAGO" PARA MELHOR CONTROLO SOBRE A CONTA. O*

ADMINISTRADOR PODE DEFINIR DIFERENTES UTILIZADORES PARA VALIDAR ESSAS FASES

CREA TING BACKORDER

QUANDO TEMOS MENOS PRODUTOS PARA RECEBER DO QUE OS ENCOMENDADOS, *PODEMOS CRIAR PEDIDOS EM ATRASO.*

A FIM DE CRIAR UMA ORDEM EM ATRASO, PRIMEIRO, *TEMOS DE ENTRAR COMO UTILIZADOR DO INVENTÁRIO.*

- **COMPRA ->COMPRA**
- **SELECCIONE A SUA COMPRA** *NA LISTA E*
- *CLIQUE* **<EMBARQUE>BOTÃO**
- **CLIQUE** *<EDIT>*

- *NA COLUNA "FEITO", PODEMOS INTRODUZIR O NÚMERO DE PRODUTOS QUE PRECISAMOS DE RECEBER DESTA VEZ.*

  - **SE INTRODUZIR MENOS PRODUTOS** *DO QUE NO FORMULÁRIO, APARECERÁ UM ASSISTENTE A PEDIR-LHE QUE CONFIRME A CRIAÇÃO DA CONTRA-ORDEM.*

COMPRAR YSIS ANAL

TAL COMO NAS VENDAS, EXISTEM VÁRIAS FERRAMENTAS DE ANÁLISE UM MÓDULO DE COMPRA DE VAILABLE.

- **SOB O MENU DE RELATÓRIOS,** *PODEMOS ANALISAR A* **COMPRA** *E OS* **FORNECEDORES**.

GESTÃO DE FORNECEDORES

UMA VEZ QUE O MÓDULO DE COMPRA E VENDA DE ODOO ESTÁ ASSOCIADO À CRM,
NÃO EXISTE UMA GESTÃO DE FORNECEDORES SEPARADA NA COMPRA, MAS SIM UM ACESSO AO SUBSISTEMA DE GESTÃO DE PARCEIROS, TAL COMO NO MÓDULO DE VENDAS.

- **UTILIZANDO ESTE MÓDULO, PODEMOS ADICIONAR PESSOAS OU ENTIDADES** *AO NOSSO SISTEMA QUE PODEM AGIR COMO CLIENTES OU FORNECEDORES OU AMBOS.*

NO MÓDULO DE COMPRA, PODEMOS ACEDER A ESTE MÓDULO EM COMPRA > SEPARADOR FORNECEDOR.

- **PARA VER OPERAÇÕES DETALHADAS DE GESTÃO DE FORNECEDORES/PARCEIROS,** *CONSULTE O MÓDULO CRM.*

GESTÃO DE PRODUTOS

- **PARA COMPRAR QUALQUER PRODUTO,** *TEMOS DE CRIAR UM PRODUTO NO NOSSO SISTEMA.*

EMBORA SEJA UMA ACTIVIDADE REALIZADA SOB GESTÃO DE INVENTÁRIO, O MÓDULO DE COMPRA DE ODOO FORNECE UMA LIGAÇÃO RÁPIDA SOB COMPRA > SEPARADOR PRODUTOS PARA REALIZAR FUNÇÕES DE GESTÃO DE PRODUTOS COMO ADICIONAR STOCK DE ACTUALIZAÇÃO DE PRODUTOS, ETC.

- **PARA VER A FUNCIONALIDADE COMPLETA E OS PROCESSOS NA GESTÃO DE PRODUTOS** *REFERIR O MÓDULO DE GESTÃO DE INVENTÁRIO.*

OUTRAS CONFIGURAÇÕES ÚTEIS

CONCURSOS DE COMPRA

A FACILIDADE DE LICITAÇÃO OU CONCURSO DE COMPRA PODE SER UTILIZADA EM SITUAÇÕES EM QUE TEMOS UMA LISTA DE PRODUTOS A COMPRAR E MÚLTIPLOS FORNECEDORES PARA ESSES PRODUTOS.

- **UTILIZANDO PROPOSTAS DE COMPRA,** *PODEMOS OBTER A MELHOR OFERTA PARA OS PRODUTOS.*

*ENVIAREMOS A PROPOSTA DE COMPRA A MÚLTIPLOS FORNECEDORES E ESTES COMPETIRÃO ENTRE SI E A MELHOR OFERTA SERÁ A VENCEDORA. RECEBEREMOS A MELHOR OFERTA. **PARA PERMITIR AS PROPOSTAS DE COMPRA,** VÁ A:*

- **COMPRA -> DEFINIÇÕES**
- **SELECCIONAR A OPÇÃO DE ABERTURA DE CONCURSO.**

- *DEPOIS DESTA OPÇÃO ESTAR ACTIVADA, PODEMOS VER DOIS NOVOS ITENS DO MENU, **'TIPOS DE ACORDOS DE COMPRA'** E*

'ACORDOS DE COMPRA'.

O MENU DO TIPO DE CONTRATO DE COMPRA PODE SER UTILIZADO PARA CRIAR OS TIPOS DE CONTRATO.

CRIAR PROPOSTA DE COMPRA

- **COMPRA -> CONTRATOS DE COMPRA -> CRIAR**
- **NO CAMPO RESPONSÁVEL,** *ESPECIFICAR A PESSOA RESPONSÁVEL POR ESTA PROPOSTA.*
- **O CAMPO DE PRAZO DO ACORDO,** *SELECCIONAR A DATA DE ENCERRAMENTO DAS PROPOSTAS PARA OS FORNECEDORES.*
- **NO CAMPO DA DATA DE ENCOMENDA,** *SELECCIONE A DATA EM QUE IRÁ EFECTUAR A ENCOMENDA.*

ADICIONAR OS PRODUTOS E A QUANTIDADE

AGORA PODEMOS VER APARECER ALGUNS BOTÕES, *NOVA CITAÇÃO, VALIDAR E RFQ/ORDENS.*

- **CLICANDO EM NOVA CITAÇÃO** *REDIRECCIONAR-NOS-Á PARA O FORMULÁRIO DE CRIAÇÃO DE CITAÇÃO.*
- **UMA VEZ VALIDADO O CONCURSO,** *ESTE IRÁ PARA A FASE DE "SELECÇÃO DAS PROPOSTAS". IR AO RFQ COM O QUAL QUEREMOS PROSSEGUIR E CONFIRMAR A ENCOMENDA.*
- **AGORA VOLTE AO CONCURSO E FECHE O CONCURSO** *CLICANDO NO BOTÃO 'FEITO'.*

APROVAÇÃO DE COMPRA

ESTA CARACTERÍSTICA PERMITE-NOS DEFINIR VÁRIOS NÍVEIS *DE APROVAÇÃO PARA AS ORDENS DE COMPRA.*

- **SE ESTE FEA TURE ESTIVER ACTIVADO,** *PARA CADA ORDEM DE COMPRA QUE O UTILIZADOR CRIAR,* **É NECESSÁRIA A APROVAÇÃO DO GESTOR PARA CONFIRMAR A ORDEM.**

SE O UTILIZADOR CRIAR UMA CITAÇÃO E A CONFIRMAR, *IRÁ PARA UM ESTADO DE APROVAÇÃO EM ESPERA. O GESTOR DE COMPRAS PODE ENTÃO APROVAR OU REJEITAR.*

INVENTÁRIO
ADMINISTRAÇÃO

<u>*GESTÃO DE INVENTÁRIO*</u>

O INVENTÁRIO É O CORAÇÃO DO NEGÓCIO, *É DAQUI QUE TODAS AS OUTRAS PARTES DO NEGÓCIO RECEBEM ENERGIA SUFICIENTE PARA VIVER. SE FOR BEM GERIDO, O NEGÓCIO PERMANECE SAUDÁVEL, CASO CONTRÁRIO, SEMPRE DESARRUMADO.*

A GESTÃO DO INVENTÁRIO É UM MÓDULO CHEIO DE RECURSOS QUE PODE SER UTILIZADO POR QUALQUER ORGANIZAÇÃO EMPRESARIAL, *INDEPENDENTEMENTE DA SUA DIMENSÃO. É CONCEBIDO DE UMA FORMA TÃO FLEXÍVEL.*

- ***O INVENTÁRIO DEO ESTÁ TOTALMENTE INTEGRADO COM OUTRAS APLICAÇÕES, TAIS COMO COMPRA, VENDA OU INVENTÁRIO.***

MAS NÃO ESTÁ LIMITADO A ESSES PROCESSOS, *ESTÁ TAMBÉM TOTALMENTE INTEGRADO COM AS NOSSAS APLICAÇÕES DE COMÉRCIO ELECTRÓNICO, FABRICO E REPARAÇÃO.*

- ***PARA ACEDER AO INVENTÁRIO E MÓDULO DE GESTÃO DE ARMAZÉM NO SEU ERP,*** *TEM DE INSTALAR A APLICAÇÃO 'GESTÃO DE INVENTÁRIO' A PARTIR DO ODOO.*

A GESTÃO DO INVENTÁRIO FAZ UM PRODUTO DIGNO DE *SER UTILIZADO POR CAUSA DAS SEGUINTES CARACTERÍSTICAS.*

1. ***LIMPO E RÁPIDO: A GESTÃO DE INVENTÁRIO DE*** *ENTRADA* ***DUPLA, O DESIGN FLEXÍVEL, A INTERFACE MODERNA DO UTILIZADOR, O CONTROLO MÓVEL E OS MECANISMOS DE RASTREIO*** *TORNAM O ODOO UM ERP DE DESEMPENHO LIMPO E RÁPIDO.*

2. ***SUPORTE BÁSICO DE ÓPERA:*** *PREPARAR ORDEM DE ENTREGA EM PASSOS SIMPLES, CONTROLAR E GERIR AS* ***REMESSAS RECEBIDAS, PREPARAR CONTAGENS DE INVENTÁRIO (CONTAGEM DE CICLOS), GESTÃO DE MÚLTIPLOS LOCAIS, EMBALAGEM BASEADA EM CÓDIGO DE BARRAS, GESTÃO EFICIENTE DE SUCATA, OPÇÃO DE TRANSFERÊNCIA DE STOCK, ETC.***

   *- **O APOIO A TODAS AS OPERAÇÕES BÁSICAS E AVANÇADAS TEM LUGAR NUM** ARMAZÉM.*

3. *E ROTEAMENTO AVANÇADO: O* OPERAÇÕES AVANÇADAS DE APOIO AO ENCAMINHAMENTO COMO

4. **DROP-SHIPPING:** ENTREGAR AOS CLIENTES DIRECTAMENTE DO SEU FORNECEDOR, COM BASE EM PRODUTOS, ENCOMENDAS OU CLIENTES.

5. **CROSS-DOCKING:** DESCARGA DE MATERIAL DE ENTRADA E TRANSFERÊNCIA DIRECTA PARA PORTÕES DE SAÍDA COM POUCA OU NENHUMA ARMAZENAGEM NO MEIO.

6. ***ARRUMAR & RETIRAR TEGIES STRA TEGIES:*** DEFINIR AS SUAS PRÓPRIAS ESTRATÉGIAS DE ARMAZENAMENTO E REMOÇÃO; FIFO, ZONA DISPONÍVEL MAIS PRÓXIMA, LIFO, ETC.

7. **PICK - PACK - SHIP:** DESENHE O SEU PRÓPRIO FLUXO DE PROCESSO DE ENCOMENDA. ENTREGAR AOS CLIENTES NUMA SÓ ETAPA (ORDEM DE ENTREGA) OU EM VÁRIAS ETAPAS: RECOLHA, EMBALAGEM, E EXPEDIÇÃO.

8. ***ROTAS DE EMPURRAR E PUXAR:*** CONCEBER AS SUAS PRÓPRIAS ROTAS DE PRODUTOS PARA AUTOMATIZAR AS ENCOMENDAS DE TRANSFERÊNCIA ENTRE ARMAZÉNS OU LOCAIS.

9. ***MULTIARMAZÉNS:*** GERIR TODOS OS SEUS ARMAZÉNS COM O MESMO SISTEMA E DEFINIR REGRAS DE REABASTECIMENTO ENTRE ARMAZÉNS.

10. **REABASTECIMENTOS:** PARA MANTER O SEU INVENTÁRIO DEVIDAMENTE REABASTECIDO, O ODOO FORNECE OPÇÕES COMO

11. ***STOCK MÍNIMO:*** TER PROPOSTA DE PEDIDOS DE COMPRA (OU PEDIDO DE COTAÇÃO) CRIADOS PELA ODOO COM BASE NA SUA PREVISÃO DE STOCK FUTURO.

12. ***PROPOSTAS DE COMPRA:*** OBTER PROPOSTAS DE PEDIDOS DE COMPRA COM BASE NOS PRAZOS DE ENTREGA DOS FORNECEDORES, PROCURA DE PRODUTOS E PREVISÕES DE INVENTÁRIO.

13. ***FAKE-TO-ORDER:*** COMPRAR MATÉRIAS PRIMAS OU FABRICAR

PRODUTOS POR ENCOMENDA. DEFINIR AS SUAS PRÓPRIAS ROTAS ESPECÍFICAS PARA ARMAZÉNS, PRODUTOS, ENCOMENDAS, ETC.

14. ***PEDIDO DE COTAÇÕES:*** *QUER NEGOCIAR UM PREÇO COM OS FORNECEDORES CADA VEZ QUE COMPRA UM PRODUTO ESPECÍFICO?*

   - ***OO PODE DESENCADEAR O PEDIDO DE COTAÇÕES*** *AUTOMATICAMENTE COM BASE EM NECESSIDADES FUTURAS.*

15. ***RASTREABILIDADE:*** *RASTREAR O SEU PRODUTO DENTRO E FORA DO INVENTÁRIO É UMA TAREFA DESAFIANTE.*

   - *MAS CARACTERÍSTICAS DE RASTREABILIDADE DO ODOO COMO **"RASTREIO DE LOTES"**, **"REGISTO DE ACTIVIDADE"**, **"NÚMEROS DE SÉRIE"**, **"AVALIAÇÃO PERPÉTUA"** TORNAM-NO MAIS FÁCIL PARA SI.*

CARACTERÍSTICAS DE GESTÃO DE PRODUTOS

TIPOS DE PRODUTOS

OO SUPORTA VÁRIOS TIPOS DE PRODUTOS QUE TÊM COMPORTAMENTOS DIFERENTES: *PRODUTOS FÍSICOS, CONSUMÍVEIS, SERVIÇOS, E PRODUTOS DIGITAIS.*

- ***KITS: AS*** *CARACTERÍSTICAS DO KITO PERMITEM AO SEU VENDEDOR VENDER UM KIT, MAS IRÁ ENTREGAR UM CONJUNTO DE PRODUTOS.*

- ***CAMPOS PERSONALIZADOS:*** *ADICIONE TANTOS CAMPOS PERSONALIZADOS QUANTOS DESEJAR EM PRODUTOS PARA LIDAR COM AS SUAS NECESSIDADES COMERCIAIS.*

- ***VARIANTES MULTINÍVEIS:*** *DEFINIR VARIANTES DE VÁRIOS NÍVEIS EM APENAS ALGUNS CLIQUES. CRIAR MATRIZ COM BASE EM CORES, TAMANHOS, ATRIBUTOS, ETC.*

- ***UNIDADE MÚLTIPLA DE MEDIDAS:*** *OO SUPORTA MÚLTIPLAS UNIDADES DE MEDIDAS E CONVERTE AUTOMATICAMENTE PARA SI: COMPRAR UMA PALETE DE CERVEJA, VENDER PACOTES DE*

CERVEJAS.

- **DATAS DE EXPIRAÇÃO:** *RASTREAR DATAS DE EXPIRAÇÃO NOS PRODUTOS.*

- **MÚLTIPLOS CÓDIGOS DE BARRAS:** *CRIAR CÓDIGOS DE BARRAS PERSONALIZADOS COM CÓDIGOS ESPECÍFICOS PARA IMPLEMENTAR OS COMPORTAMENTOS DESEJADOS, TAIS COMO UMA PROMOÇÃO ESPECÍFICA.*

BUSINESS INTELLIGENCE

A CAPACIDADE DO ODOO BI E AS FERRAMENTAS DE ELABORAÇÃO DE RELATÓRIOS JÁ ESTÃO EXPLICADAS EM MUITOS MÓDULOS. AS FERRAMENTAS DE ODOO BI REALIZAM AQUI TRABALHOS ADMIRÁVEIS SEMELHANTES NO MÓDULO DE FABRICO, FORNECENDO RELATÓRIOS COMO

1. **PREVISÃO DE INVENTÁRIO,**
2. **TRANSACÇÃO DO CLIENTE,**
3. **RELATÓRIOS DE PESQUISA,**
4. **RELATÓRIOS DE AVALIAÇÃO DE INVENTÁRIO PERPÉTUO,** *ETC.*

SE COMPARARMOS O INVENTÁRIO DOO COM A DINÂMICA PROPRIETÁRIA DA MICROSOFT ERP, PODEMOS ENCONTRAR MUITAS CARACTERÍSTICAS COMO A INTEGRAÇÃO DE TRANSPORTADORES DE CARGA, GESTÃO DE STOCKS DE CONSIGNATÁRIOS, ETC. NÃO ESTÃO AÍ DISPONÍVEIS.

E SE A COMPARAÇÃO FOR ENTRE SEIVA E ODOO, O ODOO TEM A VANTAGEM DE CARACTERÍSTICAS COMO SUPORTE DE MÚLTIPLAS VARIANTES, RASTREABILIDADE PARA CIMA E PARA BAIXO, SUPORTE DE CÓDIGO DE BARRAS MAIS EFICAZ, ETC.

ANTES DE IRMOS ÀS OPERAÇÕES DETALHADAS DA GESTÃO DO INVENTÁRIO DO ODOO, VAMOS PRIMEIRO EXPLORAR ALGUNS DOS TERMOS UTILIZADOS NOS MÓDULOS.

DAR-LHE-Á UMA MELHOR COMPREENSÃO *SOBRE O FUNCIONAMENTO **DO SISTEMA DE GESTÃO DO INVENTÁRIO DO ODOO.***

- ***ARMAZÉM:*** *UM ARMAZÉM EM ODOO É UM LOCAL ONDE SE ARMAZENAM OS PRODUTOS. OU É UM ARMAZÉM FÍSICO OU VIRTUAL.*

  - ***PODERIA SER UMA LOJA OU UM REPOSITÓRIO.***

- ***LOCALIZAÇÃO:*** *AS LOCALIZAÇÕES SÃO UTILIZADAS PARA ESTRUTURAR ZONAS DE ARMAZENAMENTO DENTRO DE UM ARMAZÉM.*

  - ***ALÉM DOS LOCAIS INTERNOS (O SEU ARMAZÉM),*** *O ODOO TEM LOCAIS PARA FORNECEDORES, CLIENTES, CONTRA-PARTES DE PERDA DE INVENTÁRIO, ETC.*

- ***MUITO:*** *OS LOTES SÃO UM LOTE DE PRODUTOS IDENTIFICADOS COM UM CÓDIGO DE BARRAS OU NÚMERO DE SÉRIE ÚNICO.*

  - ***TODOS OS ARTIGOS DE UM LOTE SÃO DO MESMO PRODUTO. (POR EXEMPLO, UM CONJUNTO DE 24 GARRAFAS) NORMALMENTE,*** *OS LOTES PROVÊM DE **LOTES DE ENCOMENDAS DE FABRICO** OU DE **AQUISIÇÕES**.*

- ***NÚMERO DE SÉRIE:*** *UM NÚMERO DE SÉRIE É UM IDENTIFICADOR ÚNICO DE UM PRODUTO ESPECÍFICO. TECNICAMENTE, OS NÚMEROS DE SÉRIE SÃO SEMELHANTES A HA VING UM LOTE DE 1 ITEM ÚNICO.*

- ***UNIDADE DE MEDIDA:*** *DEFINIR COMO É EXPRESSA A QUANTIDADE DE PRODUTOS. METROS, LIBRAS, EMBALAGEM DE 24, QUILOGRAMAS, ETC.*

  - ***UNIDADE DE MEDIDA DA MESMA CATEGORIA (EX: TAMANHO)*** *PODEM SER CONVERTIDAS UMAS PARA AS OUTRAS (M, CM, MM) UTILIZANDO UMA RELAÇÃO FIXA.*

- ***CONSUMÍVEL:*** *UM PRODUTO PARA O QUAL NÃO QUER GERIR O NÍVEL DE INVENTÁRIO (NENHUMA QUANTIDADE EM MÃO OU*

PREVISTA) MAS QUE PODE RECEBER E ENTREGAR.

- *QUANDO ESTE PRODUTO É NECESSÁRIO ODOO SUPONHA QUE TEM SEMPRE STOCK SUFICIENTE.*

- **ARMAZENÁVEL:** *UM PRODUTO PARA O QUAL SE PRETENDE GERIR O NÍVEL DE INVENTÁRIO.*

- **EMBALAGEM:** *UMA EMBALAGEM CONTÉM VÁRIOS PRODUTOS (IDENTIFICADOS PELO SEU NÚMERO DE SÉRIE/LOTES OU NÃO). EXEMPLO: UMA CAIXA CONTENDO FACAS E GARFOS.*

- **PROCURAMENTO:** *UMA AQUISIÇÃO É UM PEDIDO DE UMA QUANTIDADE ESPECÍFICA DE PRODUTOS PARA UM LOCAL ESPECÍFICO.*

  - *SÃO AUTOMATICAMENTE ACCIONADOS POR OUTROS DOCUMENTOS:* **ORDENS DE VENDA, REGRAS DE STOCK MÍNIMO, E REGRAS DE AQUISIÇÃO.**

  - **PODE DESENCADEAR A AQUISIÇÃO MANUALMENTE.** *QUANDO AS COMPRAS SÃO ACCIONADAS AUTOMATICAMENTE, DEVE SEMPRE PRESTAR ATENÇÃO ÀS EXCEPÇÕES (POR EXEMPLO, UM PRODUTO DEVE SER COMPRADO A UM FORNECEDOR, MAS NENHUM FORNECEDOR ESTÁ DEFINIDO).*

- **VIAGENS:** *ROTAS DEFINEM OS CAMINHOS QUE O PRODUTO DEVE SEGUIR. OS PERCURSOS PODEM SER APLICÁVEIS OU NÃO, DEPENDENDO DOS PRODUTOS, LINHAS DE ENCOMENDA, ARMAZÉM, ETC.*

  - **PARA CUMPRIR UM CONTRATO,** *O SISTEMA PROCURARÁ REGRAS PERTENCENTES A ROTAS QUE SÃO DEFINIDAS NA RESPECTIVA ENCOMENDA DE PRODUTO/VENDA.*

- **REGRAS DE PUSH:** *AS REGRAS DE EMPURRAR DISPARAM QUANDO OS PRODUTOS ENTRAM NUM LOCAL ESPECÍFICO. MOVEM AUTOMATICAMENTE O PRODUTO PARA UM NOVO LOCAL.* **SE UMA REGRA DE EMPURRAR** *PODE SER UTILIZADA DEPENDE DAS VIAS APLICÁVEIS.*

- *REGRAS DE AQUISIÇÃO OU REGRAS DE EXTRACÇÃO:* *AS REGRAS DE AQUISIÇÃO DESCREVEM COMO AS AQUISIÇÕES EM LOCAIS ESPECÍFICOS DEVEM SER CUMPRIDAS, POR EXEMPLO: DE ONDE O PRODUTO DEVE VIR (LOCAL DE ORIGEM), SE A AQUISIÇÃO É MTO OU MTS, ETC.*

- *GRUPO DE COMPRAS:* *ROTAS E REGRAS DEFINEM OS MOVIMENTOS DE INVENTÁRIO. PARA CADA REGRA, É FORNECIDO UM TIPO DE DOCUMENTO:* **PICKING, EMBALAGEM, ORDEM DE ENTREGA, PEDIDO DE COMPRA, ETC.**

  - **OS MOVIMENTOS SÃO AGRUPADOS DENTRO DO MESMO TIPO DE DOCUMENTO,** *SE O SEU GRUPO DE AQUISIÇÕES E LOCALIZAÇÕES FOREM OS MESMOS.*

- *STOCK MOVES:* *OS MOVIMENTOS DE EXISTÊNCIAS REPRESENTAM O TRÂNSITO DE MERCADORIAS E MATERIAIS ENTRE LOCAIS.*

  - *QUANTIDADE EM MÃO:* *A QUANTIDADE DE UM PRODUTO ESPECÍFICO QUE SE ENCONTRA ACTUALMENTE NUM ARMAZÉM OU NUM LOCAL.*

  - *QUANTIDADE PREVISTA:* *A QUANTIDADE DE PRODUTOS QUE SE PODE VENDER PARA UM ARMAZÉM OU LOCAL ESPECÍFICO.*

    - *É DEFINIDA COMO A QUANTIDADE EM CAIXA - **ENCOMENDAS DE ENTREGAS FUTURAS + EXPEDIÇÕES FUTURAS + FUTURAS UNIDADES FABRICADAS.***

  - *REGRAS DE REORDENAMENTO:* *DEFINE AS CONDIÇÕES PARA O ODOO DESENCADEAR AUTOMATICAMENTE UM PEDIDO DE ENCOMENDA (COMPRA NUM FORNECEDOR OU LANÇAMENTO DE UMA ORDEM DE FABRICO).*

    - **É DESENCADEADA QUANDO A QUANTIDADE PREVISTA CUMPRE** *A REGRA DO STOCK MÍNIMO.*

  - *CROSS-DOCK:* *CROSS-DOCKING É UMA PRÁTICA NA LOGÍSTICA DE DESCARGA DE MATERIAIS DE UM CAMIÃO SEMI-REBOQUE OU VAGÃO FERROVIÁRIO DE ENTRADA E CARREGAMENTO DESSES MATERIAIS DIRECTAMENTE EM CAMIÕES, REBOQUES,*

OU VAGÕES FERROVIÁRIOS DE SAÍDA, SEM ARMAZENAMENTO NO MEIO.

- *(**NÃO VAI PARA O STOCK,** DIRECTAMENTE DA ZONA DE ENTRADA PARA A ZONA DE EMBALAGEM)*

- **DROP-SHIPPING:** *TRANSPORTAR OS PRODUTOS DO VENDEDOR/FABRICANTE DIRECTAMENTE PARA O CLIENTE (PODE SER RETALHISTA OU CONSUMIDOR) SEM PASSAR PELOS CANAIS DE DISTRIBUIÇÃO HABITUAIS.*

  - ***OS PRODUTOS SÃO ENVIADOS DIRECTAMENTE DO VENDEDOR PARA O CLIENTE,** SEM PASSAR PELO SEU PRÓPRIO ARMAZÉM.*

- **ESTRATÉGIAS DE REMOÇÃO:** *A ESTRATÉGIA A UTILIZAR PARA SELECCIONAR QUAL O PRODUTO A ESCOLHER PARA UMA ÓPERA ESPECÍFICA.*

  - ***EXEMPLO: FIFO, LIFO, FEFO.***

- **PÔR DE LADO ESTRATÉGIAS:** *A ESTRATÉGIA A UTILIZAR PARA DECIDIR EM QUE LOCAL UM PRODUTO ESPECÍFICO DEVE SER COLOCADO QUANDO CHEGA A ALGUM LUGAR. **(EXEMPLO: OS CABOS VÃO NO RACK 3, ARMAZENAMENTO A)***

- **SCRAP:** *UM PRODUTO QUE ESTÁ QUEBRADO OU DESACTUALIZADO. O DESMANTELAMENTO DE UM PRODUTO RETIRA-O DO STOCK.*

- ■ *VARIANTE DO PRODUTO: BASICAMENTE, TEMOS DOIS MÉTODOS PARA ADICIONAR UM PRODUTO. PRODUTO COM OPÇÃO "VARIANTE" E PRODUTO AUTÓNOMO.*

  - **POR EXEMPLO, SE QUISER ADICIONAR DOIS PRODUTOS DIGAMOS IPHONE 7 PRETO,** *IPHONE7 BRANCO, AO SEU SISTEMA. AQUI PODE ADICIONAR DOIS PRODUTOS DIFERENTES OU DUAS VARIANTES SOB UM ÚNICO PRODUTO.*

  - **DEFINITIVAMENTE MAIS TARDE É O MÉTODO CONVENIENTE.** *PARA ACTIVAR ESTA FUNCIONALIDADE, VER AS CONFIGURAÇÕES DOS TÓPICOS.*

<u>*PRODUTO DE GESTÃO*</u>

- ■ **INVENTÁRIO >INVENTORY CONTROL > PRODUCT > CREA TE**

TODOS OS CAMPOS SOB ESTE FORMULÁRIO SÃO MUITO IMPORTANTES:

- ■ **PODE SER VENDIDO -> COLAR** *ISTO E O PRODUTO SERÁ LISTADO NAS VENDAS*

- ■ **PODE SER COMPRADO -> COLAR** *ISTO E O PRODUTO SERÁ LISTADO NA COMPRA*

- ■ **PODE SER GASTO -> SE** *O PRODUTO É PARA USO INTERNO*

- ■ **TIPO DE PRODUTO -> SE** *O PRODUTO É EMPILHÁVEL, CONSUMÍVEL, OU CAMPOS DE SERVIÇO SOB O SEPARADOR INVENTÁRIO*

- ■ **VIAGENS:** *A FORMA COMO A SUA EMPRESA ADQUIRE ESTE PRODUTO.*

- ■ **FORNECEDOR:** *NESTA SECÇÃO PODE ADICIONAR OS VENDEDORES (FORNECEDORES) DESTE PRODUTO*

- **RASTREIO:** *MECANISMO DE RASTREIO INTERNO, QUER ATRAVÉS DO NÚMERO DO LOTE, QUER ATRAVÉS DO NÚMERO DE SÉRIE*

- **CATEGORIAS DE SÍTIOS WEB:** *AQUI PODE ESPECIFICAR A CATEGORIA SOB A QUAL O PRODUTO DEVE SER EXIBIDO NO SÍTIO WEB DE COMÉRCIO ELECTRÓNICO*

PRODUTO ALTERNATIVO/ACCESSÓRIO: *- PRODUTO ASSOCIADO A LISTAR NA PÁGINA WEB SOB O SEPARADOR DE VARIANTE DE PRODUTO, COMO MENCIONÁMOS ANTERIORMENTE, PODE ADICIONAR VARIANTES DESTES PRODUTOS.*

- **CLIQUE <ADD UM ITEM>,**
- **ADICIONAR UM ATRIBUTO** *PARA EX: COR, DEPOIS* **ADICIONAR VALORES DE ATRIBUTO**

COM BASE NOS ATRIBUTOS E VALORES QUE FORNECEU, *O SISTEMA GERARÁ TODAS AS COMBINAÇÕES DE VARIAÇÕES SOB* **"BOTÃO DE VARIANTES".**

- **PODE APAGAR /INF VARIANTE QUE NÃO TENHA.**
- **SEGUIR O SEPARADOR DOS PREÇOS DAS VARIANTES PARA AJUSTAR OS PREÇOS DE TODAS AS VARIANTES**

NOTA: *É POSSÍVEL* **ACTUALIZAR ATRIBUTOS DE INVENTÁRIO COMO QUANTIDADE EM MÃO E PEDIDO DE COMPRA,** *ETC. A PARTIR DA MESMA JANELA*

NOTA: *PODE* **ACTUALIZAR/APAGAR UMA INFORMAÇÃO SOBRE UM PRODUTO** *A PARTIR DO MESMO MENU*
I.   E. **INVENTÁRIO > CONTROLO DE INVENTÁRIO > PRODUTO**

CONFIGURAÇÕES GERAIS

- **INVENTÁRIO>CONFIGURAÇÃO DE CONFIGURAÇÕES> PRODUTOS**

  - **UNIDADE DE MEDIDA:** *ASSINALANDO A SEGUNDA OPÇÃO,*

PODE VENDER/COMPRAR PRODUTOS NUMA UNIDADE DE MEDIDA DIFERENTE. POR EXEMPLO, PODE COMPRAR UMA GARRAFA COMO UMA DÚZIA E VENDÊ-LA INDIVIDUALMENTE.

- **VARIANTE DO PRODUTO:** *- ASSINALAR AQUI PARA INCLUIR A VARIAÇÃO DO PRODUTO NO INVENTÁRIO.*

■ **INVENTÁRIO>CONFIGURAÇÃO>CONFIGURAÇÃO>CONFIGURAÇÃO> RASTREABILIDADE**

- **LOTES E NÚMEROS DE SÉRIE:** *ESTE CAMPO ESPECIFICA A FORMA COMO RASTREIA O SEU ARTIGO NO INVENTÁRIO.*

■ **INVENTÁRIO> DEFINIÇÕES DE CONFIGURAÇÃO> LOCALIZAÇÃO E WAREHOUSE**

- **PROCURAMENTO:** *ESCOLHER O MÉTODO PARA RESERVAR UM PRODUTO, APÓS A CONFIRMAÇÃO DE UMA ORDEM DE VENDA. NA SEGUNDA OPÇÃO, PODE DEFINIR UM PROGRAMADOR PARA RESERVAR UM PRODUTO*

- **ARMAZÉNS E LOCA TION NÍVEL:** *ESCOLHA DE ACORDO COM O SEU NÍVEL DE UTILIZAÇÃO*

- **VIAGENS:** *ESCOLHA O ENCAMINHAMENTO AVANÇADO, SE A SUA AQUISIÇÃO CONTIVER MAIS DO QUE UMA ETAPA*

- **TRANSPORTE DE MANCHAS:** *ISTO PERMITE-LHE CONFIGURAR DIFERENTES OPÇÕES DE ENTREGA PARA OS SEUS FORNECEDORES.*

DASHBOARD

DÊ UM VISLUMBRE DE *TODAS AS OPERAÇÕES NOS SEUS ARMAZÉNS.*

- ■ **CLIQUE <MAIS> PARA** *VER TODAS AS OPERAÇÕES NO ARMAZÉM*

■ *INVENTORY-> OPERAÇÕES -> TODAS AS TRANSFERÊNCIAS*

■ *PODE VER A **LISTA DE TODAS AS ORDENS DE COMPRA E VENDA CONFIRMADAS.***

■ *PODE CLICAR E VER **O ESTADO DE CADA UM.***

<u>CONFIGURAÇÃO DO ARMAZÉM</u>

PODE ADICIONAR QUALQUER NÚMERO DE ARMAZÉNS SOB A SUA EMPRESA. *COMO MENCIONÁMOS ANTERIORMENTE, PODEMOS TER VÁRIAS CASAS DE ARTIGOS.*

■ ***INVENTÁRIO > CONFIGURAÇÃO > GESTÃO DE ARMAZÉNS > ARMAZÉNS -> CRIAR***

ESCOLHER AS CONFIGURAÇÕES DE ENTRADA E SAÍDA DE ENVIOS, *PODE ESCOLHER QUALQUER UM DOS SEUS ARMAZÉNS EXISTENTES PARA REABASTECIMENTO. **<GUARDAR>LO E <ACTIVAR>LO.***

- ***NOTA:*** *PODE ACTUALIZAR/APAGAR OS DETALHES DESTE ARMAZÉM A PARTIR DO MESMO MENUI.E. **INVENTOR Y >CONFIGURAÇÃO > GESTÃO DE ARMAZÉM > ARMAZÉNS.***

<u>LOCALIZAÇÕES</u>

OS LOCAIS SÃO LUGARES DIFERENTES NA SUA CASA. *OU ESTAS SÃO AS DIFERENTES SECÇÕES DA SUA CASA DE ARTIGOS EM QUE SÃO REALIZADOS DIFERENTES TIPOS DE ACÇÕES. PODE ADICIONAR LOCAIS ÚNICOS OU MÚLTIPLOS.*

UM LOCAL SIGNIFICA UM ESPAÇO NO ARMAZÉM, UMA PRATELEIRA, UM CHÃO, ETC. *UM LOCAL FAZ PARTE DE UM ARMAZÉM E NÃO É POSSÍVEL FAZER A LIGAÇÃO A OUTRO ARMAZÉM.*

NA REALIDADE, TODAS AS TRANSACÇÕES DE ENTRADA E SAÍDA SÃO REALIZADAS E REGISTADAS ATRAVÉS DE LOCAIS. *(SE EXAMINAR A ORDEM DE COMPRA, PODE VER A ENTREGA À OPÇÃO,*

QUE ESSENCIALMENTE INDICA UM LOCAL)

EXISTEM TRÊS TIPOS DE LOCALIZAÇÃO:

1. ***LOCALIZAÇÃO FÍSICA:*** *ESTES SÃO LOCAIS NO SEU ARMAZÉM*

2. ***LOCALIZAÇÃO DO PARCEIRO:*** *ESTA LOCALIZAÇÃO NÃO DEBAIXO DO SEU ARMAZÉM*

3. ***LOCALIZAÇÃO VIRTUAL:*** *ESTE É UM LOCAL VIRTUAL QUE NÃO ESTÁ FISICAMENTE DISPONÍVEL*

PODE VER TODOS OS LOCAIS DISPONÍVEIS *SOB A SUA EMPRESA:*

- ■ ***INVENTORY-> CONFIGURAÇÕES-> LOCALIZAÇÕES***

CRIAR UM LOCA TION:

- ■ ***INVENTÁRIO > CONFIGURAÇÕES > LOCALIZAÇÕES > CRIAR***

- ■ ***LOCALIZAÇÃO DOS PAIS:*** *- CASO ESTEJA A CRIAR UMA LOCALIZAÇÃO SOB OUTRA LOCALIZAÇÃO (LOCATIONHIERARCHY)*

- ■ ***PROPRIETÁRIO:*** *- ESCOLHER UM UTILIZADOR PARA O GERIR*

- ■ ***PREENCHA TODOS OS OUTROS CAMPOS NECESSÁRIOS*** *E CLIQUE EM <ACTIVE> E <SA VE>*

NOTA: *PODE ACTUALIZAR/APAGAR UMA INFORMAÇÃO DE LOCALIZAÇÃO A PARTIR DO MESMO MENU.*

OPERAÇÕES

OPERAÇÃO SIGNIFICA, DIFERENTES OPERAÇÕES REALIZADAS *NA SUA CASA DE ARTIGOS COMO RECIBOS, TRANSFERÊNCIA INTERNA, E ORDEM DE ENTREGA.*

ESTAS SÃO OPERAÇÕES BÁSICAS REALIZADAS NUM ARMAZÉM. CONTUDO, É POSSÍVEL ACRESCENTAR MAIS OPERAÇÕES PERSONALIZADAS A PARTIR DE:

- **INVENTÁRIO -> CONFIGURAÇÃO -> GESTÃO DE ARMAZÉM -> TIPOS DE OPERAÇÃO -> CRIAR**

- **PREENCHA OS DETALHES DA OPERAÇÃO** *E CLIQUE EM* **<ACTIVAR>** *E* **<GUARDAR>SOBRE** *ESTA OPERAÇÃO SERÁ LISTADA NO SEU PAINEL DE INSTRUMENTOS.*

<u>*VIAGENS*</u>

SÃO AS DIFERENTES FORMAS POSSÍVEIS ATRAVÉS DAS QUAIS UM PRODUTO *É ADQUIRIDO OU VENDIDO NA SUA CASA DE ARTIGOS.*

- **PODE SIMPLESMENTE SEGUIR UM PROCESSO DE PASSO ÚNICO** *(COMO O ARMAZÉM DO FORNECEDOR PARA O SEU ARMAZÉM) OU PODE CONFIGURAR ROTINAS DE PASSOS MÚLTIPLOS.*

- **PODE VER UM CAMPO A PERGUNTAR O ROUT ENQUANTO SE CRIA UM PRODUTO.** *O ROUT ASSEGURA QUE UM PRODUTO DE VENDA OU COMPRA É DEVIDAMENTE RASTREADO.*

É POSSÍVEL VER TODOS OS PERCURSOS A PARTIR DELES:

- **INVENTÁRIO> CONFIGURAÇÃO> ITINERÁRIOS**

PODE DEFINIR NOVAS REGRAS DE ROTA A PARTIR DE:

- **INVENTÁRIO > CONFIGURAÇÃO > ITINERÁRIOS > CRIAR**

- **ASSINALAR AS CATEGORIAS DE PRODUTOS** *PARA VER TAMBÉM A REGRA NA CATEGORIA DE PRODUTOS*

■ *ESCOLHA A CASA DE ARTIGOS*

■ *CLIQUE EM ADICIONAR UM ITEM PARA ADICIONAR UMA NOVA REGRA.*

AQUI A ACÇÃO INDICA A ACÇÃO FÍSICA EXACTA REALIZADA. (NESTA IMAGEM É, 'MOVER-SE DE OUTRO LOCAL', CONSEQUENTEMENTE TEM DE PREENCHER OS LOCAIS DE ORIGEM E DESTINO). OU PODE ESCOLHER COMPRAR:

■ *GUARDAR A REGRA E ACRESCENTAR OUTRA REGRA, SE NECESSÁRIO. CASO CONTRÁRIO CLIQUE EM <ACTIVE> E <SAVE> ROUTE.*

<u>**UNIDADE DE MEDIDA**</u>

PRODUTOS DIFERENTES TÊM UNIDADES DE MEDIDA DIFERENTES. *PODE CONFIGURAR TODAS ESTAS UNIDADES DE MEDIDA PARA O SEU INVENTÁRIO.*

■ *INVENTÁRIO > CONFIGURAÇÕES > UNIDADE DE MEDIDA > CRIAR*

■ **UNIDADE DE MEDIDA:** *NOME DE UM*

■ **CATEGORIA:** *PODE ADICIONAR UMA NOVA CATEGORIA OU SELECCIONAR A PARTIR DE UMA JÁ EXISTENTE.*

■ **TIPO:** *AQUI TEM TRÊS OPÇÕES; UNIDADE DE REFERÊNCIA - SIGNIFICA QUE ESTA SERÁ A UNIDADE BASE PARA TODAS AS UNIDADES NESTA CATEGORIA (POR EXEMPLO, PODEMOS DEFINIR METRO COMO BASE PARA A CATEGORIA DE COMPRIMENTO).*

■ **MAIOR QUE A UNIDADE DE REFERÊNCIA -** *EXEMPLO, SE O CONTADOR É A UNIDADE DE REFERÊNCIA, ENQUANTO ADICIONA KM DEVE ESCOLHER ESTA OPÇÃO*

- **MENOR DO QUE A UNIDADE DE REFERÊNCIA** - *OPOSTA AO ACIMA REFERIDO*

- **RÁCIO:** *RELAÇÃO ENTRE A UNIDADE DE REFERÊNCIA E OUTRA UNIDADE*

<u>REGRAS DE REORDENAMENTO</u>

PODE CRIAR UMA REGRA PERSONALIZADA PARA REABASTECER AUTOMATICAMENTE O SEU INVENTÁRIO. *POR EXEMPLO, SE DESEJAR REORDENAR UM PRODUTO QUANDO O STOCK ATINGIR 10 UNIDADES.*

PODE DEFINIR UMA REGRA, E QUANDO EXECUTAR O SISTEMA DE AGENDAMENTO, *VERIFICARÁ ESTA REGRA E TOMARÁ AS MEDIDAS APROPRIADAS AUTOMATICAMENTE.*

- **INVENTÁRIO > CONTROLO DE INVENTÁRIO > REGRAS DE REORDENAÇÃO > CRIAR**

- **QUALIDADE MÍNIMA: O** *NÚMERO MÍNIMO DE QUANTIDADES DEVE SER MANTIDO EM INVENTÁRIO*

- **QUANTIDADE MÁXIMA:** *LIMITE MÁXIMO DE QUANTIDADE*

- **MÚLTIPLOS DE QUANTIDADE:** *O MENOR NÚMERO DE ARTIGOS PODE SER ENCOMENDADO DE UMA SÓ VEZ*

- **GRUPO DE AQUISIÇÃO:** *DEFINIR OPÇÃO DE AQUISIÇÃO E COLHEITA*

- **ACTIVAR E SA VE VE A REGRA.**

<u>ACTUALIZAÇÃO DO INVENTÁRIO</u>

PODE ACTUALIZAR OS DETALHES DO STOCK DE DUAS MANEIRAS, A *PRIMEIRA É ATRAVÉS DE IR AOS DETALHES DO PRODUTO E ACTUALIZAR INDIVIDUALMENTE. TAMBÉM É POSSÍVEL ACTUALIZAR MÚLTIPLOS DETALHES DE PRODUTOS.*

- ***INVENTÁRIO>AJUSTES DE INVENTÁRIO > CRIAR***

- ***DAR UM NOME, SELECCIONAR OS PRODUTOS PRETENDIDOS*** *E CLICAR EM INICIAR INVENTÁRIO*

- ***PODE ALTERAR OS DETALHES DO STOCK*** *CLICANDO SOBRE A QUANTIDADE DO PRODUTO.*

- ***COMETE AS ALTERAÇÕES*** *E CLICA EM <VALIDAR>*

SCRAP

PARA REGISTAR OS PRODUTOS DE SUCATA NO SEU INVENTÁRIO.

- ***INVENTÁRIO > CONTROLO DE INVENTÁRIO > SUCATA > CRIAR***
- ***PREENCHER OS DETALHES DO PRODUTO DE SUCATA E SA VE***

CALENDÁRIO

O AGENDADOR DE EXECUÇÃO VERIFICARÁ TODAS AS REGRAS DE REORDENAÇÃO QUE *CRIOU E TOMARÁ AS MEDIDAS APROPRIADAS.*

- ***PROGRAMADOR > PROGRAMADOR DE EXECUÇÃO***
- ***CLIQUE NO PROGRAMADOR DE EXECUÇÃO***

RELATÓRIOS

O SISTEMA DE GESTÃO DE INVENTÁRIOO FORNECE AO UTILIZADOR RELATÓRIOS MUITO EFICAZES E SIMPLES *PARA TOMAR DECISÕES MAIS SÁBIAS. É POSSÍVEL ACEDER A RELATÓRIOS A PARTIR DE*

- ***INVENTORY->RELATÓRIOS***

MÓDULO DE *FABRICO*

<u>*MANUFA CTURING*</u>

O FABRICO É UM PROCESSO DE CONVERSÃO DE MATÉRIAS-PRIMAS OU COMPONENTES EM BENS OU PRODUTOS ACABADOS. PARA UMA EMPRESA QUE LIDA COM UMA GRANDE QUANTIDADE DE PRODUTOS DE FABRICO TEM DE SEGUIR EFICAZMENTE TODAS AS ENCOMENDAS DE FABRICO.

O MÓDULO DE FABRICO EM ODOO AJUDA-O:

1. *PARA LIDAR COM A COMPLEXIDADE DA PRODUÇÃO,*
2. *GERIR LISTAS DE MATERIAIS,*
3. *PLANEAR ORDENS DE FABRICO,*
4. *E RASTREAR ORDENS DE TRABALHO, ETC.*

O MÓDULO DE FABRICO É UMA DAS APLICAÇÕES BÁSICAS NO ODOO. TEM DE INSTALAR A APLICAÇÃO 'MANUFACTURING' A PARTIR DE APLICAÇÕES DO ODOO PARA PODER UTILIZAR ESTE MÓDULO NO SEU ERP.

UMA VEZ QUE O MÓDULO DE FABRICO ESTÁ ALTAMENTE INTEGRADO COM A GESTÃO DE INVENTÁRIO, PODE MANTER O SEU INVENTÁRIO ACTUALIZADO AUTOMATICAMENTE COM CADA PROCESSO DE FABRICO.

■ *A METODOLOGIA DE TRABALHO É MUITO SIMPLES NO FABRICO DO ODOO.*

PODE CRIAR UMA ORDEM DE FABRICO DE UM PRODUTO E PASSÁ-LO PELAS SUAS DIFERENTES FASES NA LINHA DE PRODUÇÃO E PRODUÇÃO COMPLETA.

■ *PODE PERSONALIZAR O PROCESSO DE FABRICO DE ACORDO COM O PROCESSO DA SUA EMPRESA, UTILIZANDO CONCEITOS DE CENTRO DE TRABALHO E DE ENCAMINHAMENTO.*

■ *PODE FACILMENTE GERIR 'APARAS' DURANTE QUALQUER FASE DO PROCESSO DE FABRICO E 'DESCONSTRUIR' UM PRODUTO*

FABRICADO, SE NECESSÁRIO.

***ORGANIZAÇÃO PODE ATRIBUIR DIFERENTES NÍVEIS DE UTILIZADORES PARA IGNORAR TODO O PROCESSO DE FABRICO** PARA UMA GESTÃO EFICAZ DE TODO O PROCESSO.*

***SE COMPARARMOS O MÓDULO DE FABRICO DOO COM OUTRAS SOLUÇÕES ERP,** COMO EM TODOS OS OUTROS MÓDULOS, PODEMOS ENCONTRAR MUITAS CARACTERÍSTICAS ÚNICAS QUE SÓ O ODOO TEM.*

POR EXEMPLO, CARACTERÍSTICAS COMO

- ***BYPRODUCTS.***
- ***FACILIDADE DE ENCAMINHAMENTO,***

- ***BOMBA ÚNICA PARA VÁRIAS VARIANTES DE PRODUTOS,***
- ***AGENDADOR MRP II,***
- ***PROGRAMADOR MESTRE DE PRODUÇÃO,***
- ***PLANEAMENTO KANBAN,***
- ***CALENDÁRIO DE PRODUÇÃO,***
- ***PROGRAMAÇÃO REGRESSIVA,***
- ***ORDENS DE TRABALHO, REPARAÇÃO, ETC.***

NÃO ESTÃO DISPONÍVEIS EM SAP ERP ENQUANTO O ODOO IMPLEMENTA TODOS ELES.

*E CONTRA A **DINÂMICA DA MICROSOFT, O ODOO** TEM A VANTAGEM **DE CARACTERÍSTICAS** COMO:*

- ***GESTÃO DE EQUIPAMENTOS / MÁQUINAS,***
- ***INSTRUÇÕES DE TRABALHO SOBRE ORDENS DE TRABALHO,***
- ***PEDIDOS DE MANUTENÇÃO DO TERMINAL DE CHÃO DE FÁBRICA,***
- ***CALENDÁRIO DE PRODUÇÃO, ETC.***

***AS SEGUINTES CARACTERÍSTICAS TORNAM O MÓDULO DE FABRICO DO ODOO** UM **MÓDULO** EFICIENTE.*

- **GESTÃO**

  - *ORDENS DE FABRICO:* GERIR OS SEUS PRODUTOS EM LINHAS DE MONTAGEM OU MONTAGEM MANUAL.

  - *ORDENS DE TRABALHO:* LANÇAR A PRODUÇÃO DOS ARTIGOS NECESSÁRIOS NA MONTAGEM FINAL DOS SEUS PRODUTOS.

  - *ORDENS DE REPARAÇÃO:* GERIR REPARAÇÕES DE ARTIGOS SOB GARANTIA OU COMO UM SERVIÇO.

- **CALENDÁRIO & PLANO**

  - *PLANEAR O FABRICO:* OBTENHA UMA VISÃO CLARA SOBRE TODO O SEU PLANEAMENTO E REPROGRAME FACILMENTE O FABRICO.

  - *ORGANIZAR ORDENS DE TRABALHO:* TER ACESSO A TODOS OS RECURSOS DISPONÍVEIS E PLANEAR COM ANTECEDÊNCIA A SUA PRODUÇÃO.

  - *GERIR A LISTA DE MATERIAIS:* CONTROLAR A DISPONIBILIDADE DOS ARTIGOS EM STOCK E O TEMPO DE PRODUÇÃO.

  - *CAPACIDADE DO CENTRO DE TRABALHO:* PROGRAMADOR MRP II UTILIZANDO CAPACIDADES E HORÁRIOS DO CENTRO DE TRABALHO.

- **DEFINIR DADOS MESTRES FLEXÍVEIS**

  - *CRIAR LISTAS DE MATERIAIS DE VÁRIOS NÍVEIS:* DEFINIR UMA LISTA DE MATERIAIS DENTRO DE OUTRA PARA FABRICAR COMPONENTES DE UM PRODUTO NOUTRA LISTA DE MATERIAIS.

  - *ENCAMINHAMENTO OPCIONAL:* CRIAR NOVOS ROTEIROS PARA

ORDENS DE TRABALHO A FIM DE SEQUENCIAR A SUA PRODUÇÃO EM FUNÇÃO DO ROTEIRO UTILIZADO.

- ***ALTERAÇÕES DE VERSÃO:*** *PERMITIR QUE OS SEUS PRODUTOS EVOLUAM E ADICIONAR OPÇÕES CONFIGURÁVEIS AO CRIAR ENCOMENDAS.*

- ***FANTASMA DE LISTA DE MATERIAIS:*** *CRIAR UMA BOMBA FANTASMA PARA FABRICAR E VENDER PRODUTOS EM KITS OU PARA CONSTRUIR PEÇAS DE SUBSTITUIÇÃO.*

■ ***QUALIDADE***

- ***PONTOS DE CONTROLO:*** *DESENCADEIA AUTOMATICAMENTE CONTROLOS DE QUALIDADE PARA O DEPARTAMENTO DE FABRICO.*

- ***VERIFICAÇÕES DE QUALIDADE:*** *IMPLEMENTE O SEU CONTROLO ESTATÍSTICO DO PROCESSO FACILMENTE COM VERIFICAÇÕES.*

- ***ALERTAS DE QUALIDADE:*** *ORGANIZE O SEU TRABALHO UTILIZANDO A VISÃO KANBAN DOS ALERTAS DE QUALIDADE.*

■ ***PRINTENÇA***

- ***MANUTENÇÃO PREVENTIVA:*** *DISPARAR PEDIDOS DE MANUTENÇÃO AUTOMATICAMENTE COM BASE EM KPIS.*

- ***MANUTENÇÃO CORRECTIVA:*** *DESENCADEAR A MANUTENÇÃO CORRECTIVA DIRECTAMENTE A PARTIR DO PAINEL DO CENTRO DE CONTROLO.*

- ***CALENDÁRIO:*** *OPERAÇÕES DE MANUTENÇÃO DE HORÁRIOS COM UM CALENDÁRIO.*

- ***ESTATÍSTICAS:*** *OBTER TODAS AS ESTATÍSTICAS DE*

MANUTENÇÃO CALCULADAS PARA SI: MTBF

- **PAINEL DE CONTROLO DO CENTRO DE TRABALHO**

  - **TABLETES:** *COLOCAR TABLETES EM CADA CENTRO DE TRABALHO PARA ORGANIZAR O SEU TRABALHO DE FORMA EFICIENTE.*

    - **PRODUÇÃO DISCOGRÁFICA:** *REGISTAR PRODUÇÕES, PRODUTOS DE DIGITALIZAÇÃO, LOTES OU NÚMEROS DE SÉRIE.*

    - **FOLHAS DE TRABALHO:** *EXIBIR FICHAS DE TRABALHO DIRECTAMENTE NO CENTRO DE TRABALHO COM INSTRUÇÕES PARA O OPERADOR.*

    - **MISC. OPERAÇÕES:** *RASPAR PRODUTOS, CRIAR ALERTAS DE QUALIDADE, E EFECTUAR VERIFICAÇÕES, DIRECTAMENTE DO CENTRO DE TRABALHO.*

    - **ALERTAS:** *UTILIZAR ALERTAS PARA MOSTRAR ALTERAÇÕES OU VERIFICAÇÕES DE QUALIDADE AO OPERADOR.*

- **BUSINESS INTELLIGENCE**

  - **OBTER UM RELATÓRIO DE ANÁLISE DETALHADO DA SUA LINHA DE PRODUÇÃO,** *ANALISAR O DESEMPENHO DOS SEUS CENTROS DE TRABALHO E PRODUÇÃO, PLANEAR ESTRATÉGIAS ALTERNATIVAS DE PRODUÇÃO, ETC.*

    - **SÃO ALGUMAS DAS MEDIDAS QUALITATIVAS QUE O MOTOR DOO BI** *LHE PODE SUGERIR NO MÓDULO DE FABRICO.*

<u>USUÁRIOS DO SISTEMA</u>

POR DEFEITO, EXISTEM DOIS TIPOS DE *UTILIZADORES NOS* **MÓDULOS DE FABRICO.**

- *GERENTE: É ELE QUEM GERE TUDO, INCLUINDO A **BOMBA DE CRETA, ORDEM DE TRABALHO, PROCEDIMENTO DE ENCAMINHAMENTO, ETC.***

- *UTILIZADOR: GERALMENTE ELE PODE CRIAR UMA ORDEM DE FABRICO E PROCESSÁ-LA. MAS O GESTOR PODE CONCEDER MAIS PERMISSÃO A ESTE UTILIZADOR, SE NECESSÁRIO.*

GESTÃO DE ORDENS DE FABRICO

HÁ DUAS MANEIRAS DE PRODUZIR UM PRODUTO COM APLICAÇÃO DE FABRICO DE ODOO.

1. ***PODEMOS CRIAR UMA ORDEM DE FABRICO** COM FASES POR DEFEITO SIMPLES E COMPLETAR A PRODUÇÃO.*

2. ***PODEMOS PERSONALIZAR A NOSSA ORDEM DE TRABALHO** ATRAVÉS DA CRIAÇÃO DE CENTROS DE TRABALHO E MECANISMOS DE ENCAMINHAMENTO.*

CRIAR UMA ORDEM DE FABRICO (MÉTODO SIMPLES)

- ***FABRICO >OPERAÇÃO > ENCOMENDAS DE** FABRICO **>CRIAR***

- ***ESCOLHER UM PRODUTO DA LISTA** (OU PODE CRIAR UM NOVO)*

- ***ESCOLHA A FACTURA DE MA TERIAL***

- ***O SEPARADOR DO PRODUTO ACABADO** IRÁ MOSTRAR-LHE O NÚMERO DE PRODUTOS ACABADOS.*

- ***O SEPARADOR DO MATERIAL CONSUMIDO** MOSTRARÁ O MATERIAL CONSUMIDO PARA A PRODUÇÃO*

- *CLIQUE EM **"VERIFICAR DISPONIBILIDADE"** PARA VER A DISPONIBILIDADE DAS MATÉRIAS-PRIMAS NO INVENTÁRIO.*

<u>**GERIR A PRODUÇÃO**</u>

DEPOIS DE TER CRIADO E CONFIRMADO UMA ORDEM DE FABRICO, *PODE INICIAR A PRODUÇÃO.*

- *O LISTARÁ TODAS AS ENCOMENDAS DE FABRICO EM **FABRICO -> OPERAÇÕES -> ENCOMENDAS DE FABRICO.***

- ***UMA VEZ QUE O ODOO APOIA O INVENTÁRIO NEGATIVO,** PODE INICIAR A PRODUÇÃO MESMO SEM ASSEGURAR A DISPONIBILIDADE DA MATÉRIA-PRIMA.*

- ***CLIQUE EM "PRODUZIR" PARA INICIAR A PRODUÇÃO.***

- ***"MARCAR COMO FEITO"** PARA COMPLETAR O PROCESSO DE PRODUÇÃO*

- ***"PÓS INVENTÁRIO"** PARA ACTUALIZAR OS MOVIMENTOS DE INVENTÁRIO.*

NOTA: PODE "SEM RESERVA" *QUALQUER MATÉRIA-PRIMA DA ORDEM DE FABRICO PARA A TORNAR DISPONÍVEL PARA O INVENTÁRIO, CLIQUE NO BOTÃO "SEM RESERVA" NO SEPARADOR "PROGRESSO" PARA TOMAR ESTA ACÇÃO.*

NOTA: É POSSÍVEL ACTUALIZAR/ELIMINAR *QUALQUER ORDEM DE FABRICO A PARTIR DE **FABRICO -> OPERAÇÕES -> SEPARADOR ORDENS DE FABRICO.***

<u>**CRIAR UMA ORDEM DE FABRICO (MÉTODO AVANÇADO)**</u>

EM COMPARAÇÃO COM O MÉTODO SIMPLES, O *MÉTODO AVANÇADO PERMITE A CADA EMPRESA CONFIGURAR UM PROCESSO DE FABRICO MAIS DETALHADO, TAL COMO A **CRIAÇÃO DE CENTROS DE TRABALHO, ENCAMINHAMENTO, GESTÃO DE ORDENS DE TRABALHO, ETC.***

PARA ACTIVAR ESTA FUNCIONALIDADE:

■ *MANUFA CTURING -> SETTINGS -> MANUFA CTURING ORDER*
- PERMITIR **'GERIR A PRODUÇÃO POR ORDENS DE TRABALHO'.**

ISTO IRÁ PERMITIR UM NOVO MENU NO PAINEL DE INSTRUMENTOS
PARA GERIR O CENTRO DE TRABALHO, O *ENCAMINHAMENTO E A*
ORDEM DE TRABALHO.

■ ***FABRICO - > OPERAÇÕES -> ORDEM DE FABRICO -> CRIAR***

■ ***PREENCHER OS MESMOS CAMPOS QUE ANTERIORMENTE.***

■ *SELECCIONAR UM MECANISMO DE* **'ENCAMINHAMENTO'***, ESTE*
SERÁ AUTOMATICAMENTE PREENCHIDO ASSIM QUE ESCOLHER
A BOMBA.

A BARRA DE ESTADO DAR-LHE-Á UMA NOVA OPÇÃO CRIAR ORDEM
DE TRABALHO, CLIQUE
PARA CRIAR A ORDEM DE TRABALHO DE ACORDO COM O SEU PLANO
DE ENCAMINHAMENTO:

■ ***EM NOVA JANELA TERÁ A OPÇÃO DE VERIFICAR UMA***
VAILABILIDADE
DE RA W MA TERIAL. *(ODOO APOIA INVENTÁRIO NEGATIVO)*

■ ***CLIQUE <SAVE>***

■ ***AO CONTRÁRIO DO MÉTODO SIMPLES, AGORA QUE ACABOU***
DE CRIAR UMA ORDEM DE TRABALHO, *O PROCESSO DE*
PRODUÇÃO AINDA NÃO COMEÇOU.

GERIR A PRODUÇÃO

PARA INICIAR A PRODUÇÃO, TAMBÉM TEM **DUAS OPÇÕES:**

■ ***ABRIR UMA ORDEM DE FABRICO*** *E CLICAR NO BOTÃO "*
ORDEM DE TRABALHO *" NO FORMULÁRIO.*

■ *OU PODE ACEDER A TODAS AS SUAS ORDENS DE TRABALHO A*

*PARTIR DE **"FABRICO > OPERAÇÕES > ORDEM DE TRABALHO"**.*

- **NO PRIMEIRO CASO, VERÁ TODAS AS ORDENS DE TRABALHO** *ALI LISTADAS COM O SEU ESTATUTO.*

- **SELECCIONAR AS TAREFAS DA ORDEM DE TRABALHO** *UMA A UMA E COMPLETÁ-LA.*

- **UTILIZAR OS** *BOTÕES* **'PAUSA', 'BLOQUEIO', 'FEITO'** *PARA CONTROLAR O PROGRESSO DA TAREFA.*

- **FEITO SIGNIFICA QUE A TAREFA ESTÁ CONCLUÍDA OU O ESTADO DA TAREFA MUDA** *PARA CONCLUÍDA E É POSSÍVEL PASSAR AUTOMATICAMENTE PARA A TAREFA SEGUINTE NA ORDEM DE TRABALHO.*

- **COMPLETAR TODOS OS PROCESSOS NA ORDEM DE TRABALHO** *PARA COMPLETAR A PRODUÇÃO*

UMA VEZ CONCLUÍDO TODO O PROCESSO EM ORDEM DE TRABALHO*, PODERÁ ENTÃO ADICIONAR O PRODUTO AO INVENTÁRIO.*

LISTA DE MATERIAIS

BOMBA É O ELEMENTO DE BASE DE QUALQUER PROCESSO DE FABRICO. *É A LISTA DE MATERIAL RA W NECESSÁRIO PARA PRODUZIR UM PRODUTO.*

- **- POR ISSO, AO CRIAR UMA ORDEM DE FABRICO PARA UM DETERMINADO PRODUTO,** *PRECISAMOS DE SELECCIONAR A BOMBA CORRESPONDENTE DA LISTA.*

BOM VAI AJUDAR-NOS A CRIAR O INVENTÁRIO ACTUALIZADO DURANTE O PROCESSO DE FABRICO. *POR ISSO, ANTES DE CRIAR UMA BOMBA, PRECISAMOS PRIMEIRO DE ADICIONAR A MATÉRIA-PRIMA À NOSSA LISTA DE PRODUTOS NO INVENTÁRIO.*

- *FABRICO > DADOS PRINCIPAIS > LISTA DE MATERIAIS > CRIAR*

- **SELECCIONAR UM PRODUTO DA LISTA.**

- **IR PARA DEFINIÇÕES -> ORDEM DE FABRICO ->** *OPÇÃO DE* **VARIANTE DO PRODUTO** *PARA PERMITIR SELECCIONAR A OPÇÃO DE VARIANTE DO PRODUTO. (NO CASO DE PRODUZIR UMA VARIANTE DE PRODUTO)*

- **CAMPO DE REFERÊNCIA É UTILIZADO PARA DISTINGUIR BOMBAS DIFERENTES** *PARA O MESMO PRODUTO.*

- **CLIQUE EM ADICIONAR UM CAMPO DE ITEM E ADICIONE AS MATÉRIAS-PRIMAS** *PARA O SEU PRODUTO.*

- **AGRUPAMENTO ",** *O* **CAMPO É UTILIZADO PARA ESPECIFICAR O** *ENCAMINHAMENTO DO* **CENTRO DE TRABALHO** *DO PROCESSO DE FABRICO.*

- **SOB O SEPARADOR "DIVERSOS EM BOMBA",** *A SEQUÊNCIA DEFINE A ORDEM EM QUE AS SUAS COTAS SERÃO SELECCIONADAS PARA ORDENS DE PRODUÇÃO, COM NÚMEROS MAIS BAIXOS HA VING MAIOR PRIORIDADE.*

NOTA: *UMA BOMBA PODE SER ACTUALIZADA/APAGADA MAIS TARDE A PARTIR DO MESMO MENU, OU SEJA*
FABRICO > DADOS PRINCIPAIS > LISTA DE MATERIAIS.

CENTRO DE TRABALHO

COMO O NOME INDICA, É O LOCAL FÍSICO DA SUA EMPRESA *ONDE SÃO FEITOS DIFERENTES PROCESSOS DE FABRICO.*

- **PODE CRIAR DETALHES DO SEU CENTRO DE TRABALHO COM TODOS OS SEUS ÍNDICES DE DESEMPENHO.**

MAIS TARDE PODERÁ UTILIZAR ESTES DADOS PARA ANALISAR A

EFICIÊNCIA E OUTROS DETALHES DE CADA CENTRO DE TRABALHO.

CRIAR CENTRO DE TRABALHO

■ **FABRICO -> DADOS PRINCIPAIS -> CENTROS DE TRABALHO ->
CRIAR**

■ ***ACRESCENTAR TODA A INFORMAÇÃO NECESSÁRIA,
INCLUINDO O PROCESSO** AQUI REALIZADO E OS FACTORES DE
DESEMPENHO, ETC. NO DOMÍNIO*

■ ***CLIQUE <SA VE> E MARQUE <ACTIVE> PARA O TORNAR UM
VAILABLE PARA USO.***

***NOTA:** "PODE **ACTUALIZAR/ELIMINAR** QUALQUER INFORMAÇÃO DO
CENTRO DE TRABALHO
MESMO MENU, OU SEJA, **FABRICO > DADOS PRINCIPAIS > CENTROS
DE TRABALHO >**".*

VIAGEM

***CADA PRODUTO TEM AS SUAS PRÓPRIAS ROTAS. O PROCESSO DE
FABRICO** NÃO É UM PROCESSO DE ETAPA ÚNICA, PODE CONTER
MUITOS CENTROS DE TRABALHO E CADA CENTRO DE TRABALHO TEM
OS SEUS PRÓPRIOS PROCESSOS E TEMPO DE PROCESSO.*

■ ***A PARTIR DESTE MENU, PODEMOS DEFINIR A ENCOMENDA
OU ROTA DE CADA FABRICO.***

*DEPENDE PURAMENTE DO PROCESSO DE FABRICO DA EMPRESA.
ALGUMAS EMPRESAS TÊM O MESMO TIPO DE PROCESSO DE FABRICO.*
ENTÃO CRIAMOS UM ROTEIRO.

***ALGUMAS EMPRESAS TÊM PROCESSOS DE FABRICO DIFERENTES
PARA PRODUTOS DIFERENTES.** DEPOIS, CRIAMOS CADA ROTA
MÚLTIPLA.*

■ **FABRICO > DADOS PRINCIPAIS > ROUTINGS > CRIAR**

- **DAR UM NOME AO ROUT**
- **CLIQUE EM ADICIONAR UM ITEM PARA ADICIONAR OS CENTROS DE TRABALHO** INCLUÍDOS NESTE ROTEIRO
- **CLICK <SA VE> E <MARKACTIVE>**

NOTA: "PODE ACTUALIZAR/ELIMINAR UM PROCESSO DE ENCAMINHAMENTO A PARTIR DO MESMO MENU, OU SEJA, FABRICO > DADOS PRINCIPAIS > ENCAMINHAMENTOS".

<u>PEDIDO DE TRABALHO</u>

DEPOIS DE TER CRIADO E CONFIRMADO A ORDEM DE FABRICO COM UMA ROTINA ESPECÍFICA. TODOS OS PROCESSOS NO ROUT SÃO LISTADOS COMO ORDENS DE TRABALHO.

- **ASSIM, A FIM DE COMPLETAR UMA PRODUÇÃO,** TEMOS DE COMPLETAR TODOS OS PROCESSOS DE ASSOCIAÇÃO EM ORDEM DE TRABALHO.

PODEMOS ACEDER ÀS ORDENS DE TRABALHO RELACIONADAS COM UMA ORDEM DE FABRICO, QUER A PARTIR DO FORMULÁRIO DE ORDEM DE FABRICO OU DIRECTAMENTE A PARTIR DE FABRICO > OPERAÇÕES > ORDENS DE TRABALHO

<u>SCRAP</u>

UMA DAS CARACTERÍSTICAS MAIS ÚTEIS DO ODOO É QUE SE PODE CRIAR SUCATA EM QUALQUER FASE DA LINHA DE PRODUÇÃO. **É SEMPRE POSSÍVEL VER UM BOTÃO DE SUCATA EM QUASE TODAS AS FASES DA LINHA DE PRODUÇÃO.**

CLIQUE NESTE BOTÃO PARA CRIAR UMA ENTRADA INSTANTÂNEA DE SUCATA NO INVENTÁRIO. PODE CRIAR UMA NOVA ENTRADA DE SUCATA A PARTIR DE:

- **MANUFA CTURING -> OPERA TIONS -> SCRAP -> CREA TE**

OU PODE FAZER UMA ENTRADA RÁPIDA, CLICANDO NO BOTÃO DE SUCATA DISPONÍVEL EM QUASE TODAS AS FORMAS DE PRODUÇÃO.

- **PREENCHA OS CAMPOS E CLIQUE EM "DONE" (FEITO).** *SERÁ AUTOMATICAMENTE INSERIDO NO INVENTÁRIO.*

PEDIDOS UNBUILD

OUTRA CARACTERÍSTICA ÚTIL NO FABRICO É A NÃO CONSTRUÇÃO. *PODEMOS DESMANCHAR OS PRODUTOS NA SUA LISTA DE MATERIAIS. ESTE É DE FACTO UM PROCESSO INVERSO DE PRODUÇÃO.*

- **FABRICO > OPERAÇÕES > DES-CONSTRUIR ENCOMENDAS > CRIAR**
- **SELECCIONAR O PRODUTO QUE PRECISA DE SER DESMANCHADO,**

- **SELECCIONAR A LISTA DE MA TERIALS E A QUANTIDADE.**

- **SE PRECISAR DE ESPECIFICAR UMA DETERMINADA ORDEM DE FABRICO,** *PODEMOS MENCIONÁ-LA AQUI.*

- **CLICK <DONE> E <SA VE>**

RELATÓRIO

OS INSTRUMENTOS DE ELABORAÇÃO DE RELATÓRIOS PODEM PRODUZIR *RELATÓRIOS* **CONCISOS** *MAS MUITO EFICAZES. PODE VISUALIZAR DIFERENTES TIPOS DE RELATÓRIOS:*

- **ORDENS DE FABRICO,**
- **PEDIDOS DE TRABALHO,**
- **DESEMPENHO DO CENTRO DE TRABALHO,** *ETC. SOB O SEPARADOR DE RELATÓRIOS.*

CONFIGURAÇÕES E DEFINIÇÕES ÚTEIS

CONFIGURAÇÕES DE SUBPRODUTOS

UM SUBPRODUTO É UM PRODUTO SECUNDÁRIO DERIVADO DE UM PROCESSO DE FABRICO. *NÃO É O PRODUTO OU SERVIÇO PRIMÁRIO A*

SER PRODUZIDO.

PARA ACTIVAR POR CARACTERÍSTICA DO PRODUTO:

- ***FABRICO > CONFIGURAÇÕES***

ASSINALE A SEGUNDA OPÇÃO PARA ACTIVAR POR PRODUTOS EM CAMPO BOMBARDEADO. *DEPOIS DE ASSINALAR ISTO, PODEMOS VER UM SEPARADOR ADICIONAL NA FORMA DE BOMBA APÓS OS DIVERSOS.*

- ***AQUI PODEMOS ADICIONAR SUBPRODUTOS***

- ***SE ADICIONARMOS OS SUBPRODUTOS, REFLECTIRÁ SOBRE A ORDEM MRP.***

CAPÍTULO 3:
RECURSOS HUMANOS

O MÓDULO DE GESTÃO DE RECURSOS HUMANOSO É UM PACOTE ABRANGENTE *PARA SATISFAZER TODAS AS SUAS NECESSIDADES RELACIONADAS COM O RH. PODE GERIR AS FUNÇÕES A PARTIR DE:*

- ***RECRUTAMENTO*** *PARA,* ***GESTÃO DA INFORMAÇÃO DOS FUNCIONÁRIOS,*** *PARA*
- ***UMA TENDÊNCIA E GESTÃO DE LEA VE, FOLHA DE PAGAMENTOS,***
- ***DESPESAS, E GESTÃO DA FOLHA DE TEMPOS.***

TEM DE INSTALAR AS SEGUINTES APLICAÇÕES *DO* ***ODOO APPS*** *PARA PERMITIR FUNCIONALIDADES DE* ***GESTÃO DE RH.***

- ***DIRECTÓRIO DE FUNCIONÁRIOS:*** *ESTA APLICAÇÃO PERMITE-LHE CRIAR E GERIR O DIRECTÓRIO DE FUNCIONÁRIOS DA SUA ORGANIZAÇÃO.*

  - ***PODE CRIAR A HIERARQUIA DO DEPARTAMENTO DA SUA ORGANIZAÇÃO*** *E ADICIONAR FUNCIONÁRIOS SOB DIFERENTES DEPARTAMENTOS QUE CORRESPONDAM À ESTRUTURA DA SUA ORGANIZAÇÃO.*

  - ***OS DETALHES DO CONTRATO DE EMPREGADO SÃO CONFIGURADOS USANDO ESTE MÓDULO.*** *POR ISSO, ESTA É A BASE DO MÓDULO HR.*

- ***ASSIDUIDADE:*** *A ASSIDUIDADE DOS EMPREGADOS PODE SER GERIDA ATRAVÉS DA INSTALAÇÃO DESTE MÓDULO.*

  - ***HÁ DIFERENTES OPÇÕES DE MARCAÇÃO DE PRESENÇA DISPONÍVEIS COM O ODOO.*** *TAMBÉM É POSSÍVEL ADICIONAR HARDWARE PARA MARCAÇÃO DE ASSIDUIDADE.*

  - ***O MÓDULO ESTÁ INTEGRADO COM FOLHA DE PAGAMENTO, GESTÃO DE FÉRIAS E FOLHA DE HORAS,***

DE MODO A FORNECER UM MECANISMO CONSISTENTE DE SEGUIMENTO DE ASSIDUIDADE.

- **GESTÃO DE LICENÇAS:** *INTEGRADA COM ASSIDUIDADE, FOLHA DE PAGAMENTO E FOLHA DE HORAS, A GESTÃO DE FÉRIAS PERMITE AO ADMINISTRADOR TOMAR DECISÕES EFICIENTES SOBRE O PEDIDO DE FÉRIAS DOS EMPREGADOS.*

- **FOLHA DE PAGAMENTOS:** *A FOLHA DE PAGAMENTOS DO ODOO TORNA A **COMPLEXIDADE DA GESTÃO DA FOLHA DE PAGAMENTOS MAIS SIMPLES.** É POSSÍVEL CRIAR **UMA ESTRUTURA SALARIAL** SIMPLES E **COMPLEXA BASEADA EM REGRAS SALARIAIS.***

  - **ESTA ESTRUTURA SALARIAL PODE SER APLICADA AO CONTRATO DE EMPREGADO** *PARA GERAR UMA FOLHA DE PAGAMENTO MENSAL. A PARTIR DA LOJA ODOO PODE TAMBÉM DESCARREGAR FOLHAS DE PAGAMENTO PERSONALIZADAS PARA FACILITAR A GESTÃO.*

- **GESTÃO DE DESPESAS:** *O MÓDULO DE GESTÃO DE DESPESAS PERMITE A GESTÃO DAS DESPESAS OCORRIDAS AOS EMPREGADOS. O FUNCIONÁRIO PODE APRESENTAR AS SUAS DESPESAS E OS FUNCIONÁRIOS ADEQUADOS PODEM TOMAR MEDIDAS EM RELAÇÃO A TAIS PEDIDOS.*

- **GESTÃO DA FOLHA DE TEMPOS:** *É OUTRO MÓDULO EFICIENTE PARA GERIR AS FOLHAS DE TEMPOS DE CADA EMPREGADO. É GERALMENTE UTILIZADO PARA A GESTÃO EFICIENTE DE PROJECTOS OU TAREFAS.*

- **RECRUTAMENTO:** *PODE AUTOMATIZAR E MONITORIZAR TODO O RECRUTAMENTO COM ESTE MÓDULO. FASES DE RECRUTAMENTO, CRITÉRIOS, QUALIFICAÇÕES, ETC. PODE SER CONFIGURADO COM ESTE MÓDULO.*

  - **PODE INSTALAR UMA APLICAÇÃO DE EMPREGO ONLINE PARA CANALIZAR O RECRUTAMENTO ATRAVÉS**

__DO SEU WEBSITE.__ EXISTEM MAIS ALGUMAS OUTRAS APLICAÇÕES E PLUGINS ÚTEIS QUE PODE ENCONTRAR NA __LOJA DE APLICAÇÕES ODOO.__

__ALGUMAS DAS FEA TURES DO ODOO HRMMODULE__ É:

- *__GESTÃO: CRIAR PERFIS DE EMPREGADOS:__ RECOLHER TODA A INFORMAÇÃO RELATIVA A CADA EMPREGADO NUM ÚNICO LOCAL.*

  - *__GERIR CONTRATOS:__ MANTER UM REGISTO DA SITUAÇÃO DOS SEUS EMPREGADOS, TÍTULOS DE EMPREGO, TIPO E DATAS DOS CONTRATOS, E O SEU HORÁRIO.*

  - *__GERIR TIMESHEETS:__ CRIAR FOLHAS DE HORAS SEMANAIS E MENSAIS E ACOMPANHAR O TEMPO GASTO PELOS SEUS EMPREGADOS EM PROJECTOS.*

  - *__TRATAR DO ATENDIMENTO:__ MANTENHA O REGISTO DA PRESENÇA DOS SEUS EMPREGADOS NO TRABALHO. OS GESTORES DE RH PODEM FACILMENTE COMUNICAR A PRESENÇA MENSAL DOS SEUS EMPREGADOS COM A ENTRADA DO MENU E O ESTADO.*

  - *__GERIR FOLHAS:__ FÉRIAS, FOLHAS LEGAIS E DIAS DE DOENÇA.*

- *__PAINÉIS DE BORDO:__ OBTER UM PAINEL DE BORDO POR GESTOR.*

  - *__COLLABORAR: REDE SOCIAL EMPRESARIAL:__ SEGUIR EMPREGADOS E DOCUMENTOS, JUNTAR-SE A GRUPOS DE DISCUSSÃO, PARTILHAR FICHEIROS, E CONVERSAR EM TEMPO REAL.*

  - *__GAMIFICA ÇÃO:__ DESAFIOS DE CONCEPÇÃO, METAS E RECOMPENSAS COM METAS E OBJECTIVOS CLAROS PARA IMPULSIONAR O ENVOLVIMENTO E RECOMPENSAR O*

DESEMPENHO DOS SEUS EMPREGADOS.

- **UTILIZADORES DO SISTEMA:** *BASICAMENTE EXISTEM TRÊS TIPOS DE UTILIZADORES NO PROCESSO DE GESTÃO DE RH*

    4. **EMPREGADO:** *EMPREGADO NORMAL DE ESCRITÓRIO. PODE MARCAR A SUA PRESENÇA, ACEDER ÀS TAREFAS QUE LHE SÃO ATRIBUÍDAS, GERIR A SUA FOLHA DE TEMPOS E REALIZAR OUTRAS TAREFAS ASSOCIADAS A ELE.*

    5. **OFICIAL:** *UM FUNCIONÁRIO DE NÍVEL SUPERIOR QUE TEM MELHORES PODERES E DIREITOS DE ACESSO COMO LICENÇA DE SANÇÃO, FOLHA DE HORAS DE SANÇÃO, ETC.*

    6. **GESTOR:** *GESTOR QUE CONTROLA E CONFIGURA CADA PROCEDIMENTO NO MÓDULO HR. CONTROLO COMPLETO SOBRE TODOS OS NÍVEIS.*

GESTÃO DO DEPARTAMENTO

CRIAR E GERIR *FACILMENTE A* **HIERARQUIA DEPARTAMENTAL DA** *SUA* **ORGANIZAÇÃO** *COM O* **MÓDULO ODOO HR.**

CRIAR DEPARTAMENTO

1. **EMPREGADO > DEPARTAMENTO > CRIAR**

2. **PREENCHA TODOS OS CAMPOS NECESSÁRIOS E CLIQUE EM** <SA VE>

- **NOTA:** *"PARA CRIAR UM SUB DEPARTAMENTO, ESCOLHA O DEPARTAMENTO PAI A PARTIR DO DROPDOWN".*

- **NOTA:** *"MARQUE-O COMO ACTIVO, DEPOIS SÓ O DEPARTAMENTO CRIADO ESTARÁ DISPONÍVEL PARA UTILIZAR".*

<u>*DEPARTAMENTO DE ELIMINAÇÃO/ACTUALIZAÇÃO*</u>

1. *EMPREGADO > DEPARTAMENTO*

2. *CLIQUE EM **<MAIS>** OPÇÃO DO SEU RESPECTIVO DEPARTAMENTO*

3. *ESCOLHA <A PARTIR DA OPÇÃO E FAÇA AS ALTERAÇÕES NECESSÁRIAS*

<u>*VER EMPREGADOS NO DEPARTAMENTO*</u>

1. *EMPREGADOS > DEPARTAMENTO*

2. **CLIQUE EM <EMPREGADOS> BOTÃO** *NO RESPECTIVO DEPARTAMENTO PARA VER OS EMPREGADOS DESSE DEPARTAMENTO*

<u>*RELATÓRIO DO DEPARTAMENTO SÁBIO*</u>

1. *EMPREGADO -> DEPARTAMENTO*

2. **CLIQUE EM <MAIS>OPÇÃO** *DO SEU RESPECTIVO DEPARTAMENTO*

3. *PODE CLICAR EM QUALQUER UM DOS RELATÓRIOS PARA VER EM DETALHE*

<u>*GESTÃO DO PERFIL DOS EMPREGADOS*</u>

<u>*CRIAR O PERFIL DE UM EMPREGADO*</u>

1. *EMPREGADOS > CRIAR*

2. *PODE SALTAR ATRAVÉS DE **"INFORMAÇÃO PÚBLICA"**, **"PESSOAL INFORMAÇÃO"**, SEPARADORES **"HR SETTINGS"** PARA ENCONTRAR TODA A INFORMAÇÃO NECESSÁRIA PARA UM EMPREGADO.*

3. *CLIQUE <SAVE>*

<u>*ACTUALIZAR/APAGAR UM EMPREGADO*</u>

1. **EMPREGADOS > PAINEL DE BORDO**

2. *SELECCIONAR QUALQUER UM DOS EMPREGADOS DA LISTA.*

3. **PODE VER AS INFORMAÇÕES DOS EMPREGADOS NA JANELA,** *FAZER AS ALTERAÇÕES NECESSÁRIAS SE NECESSÁRIO E GUARDAR*

4. *PARA APAGAR UM EMPREGADO CLIQUE EM **'ACÇÃO' > APAGAR***

NOTA: - "SEPARADOR INHR HÁ CAMPO "UTILIZADOR RELACIONADO", *USANDO ESTA OPÇÃO PODE ATRIBUIR UM EMPREGADO A QUALQUER "UTILIZADOR DO SISTEMA".*

- POR EXEMPLO, O GESTOR DE PROJECTO PODE SER QUALQUER EMPREGADO DA EMPRESA, *BEM COMO PODE SER O **"ADMINISTRADOR" DO SISTEMA***

<u>*GESTÃO DE CONTRATOS*</u>

<u>***ADICIONAR NOVO CONTRATO***</u>

1. **EMPREGADOS >CONTRATO >CRIAR**

■ **PODE SELECCIONAR 'EMPREGADO' 'DEPARTAMENTO'** *E OUTRAS INFORMAÇÕES BÁSICAS DA JANELA E ATRIBUIR O CONTRATO DIRECTAMENTE A UM EMPREGADO.*

HORÁRIO DE TRABALHO: *PODEMOS **DEFINIR O HORÁRIO DE TRABALHO** DO PRÓPRIO EMPREGADO A PARTIR DAQUI.*

1. **CLIQUE NO MENU SUSPENSO DO HORÁRIO DE TRABALHO** *PARA ADICIONAR O HORÁRIO DE TRABALHO DO FUNCIONÁRIO.*
2. **CLIQUE EM ADD AN ITEM** *TO FILL DUTY TIMING AND LEAVES*

3. *CLIQUE<SAVE>*

<u>***ACTUALIZAR/APAGAR UM CONTRATO***</u>

ADMIN PODE ACTUALIZAR A INFORMAÇÃO DE UM CONTRATO, O *ESTADO DO CONTRATO OU ELIMINAR UM CONTRATO POR COMPLETO ATRAVÉS DO SEGUINTE MÉTODO*

1. ***EMPREGADOS > CONTRATO***
2. *SELECCIONE O CONTRATO QUE DESEJA ALTERAR*
3. *FAÇA EDIÇÕES ONDE FOR NECESSÁRIO E **CLIQUE EM <SA VE>***

NOTA: *"ALTERAR O ESTATUTO DO CONTRATO **APENAS CLICANDO NA FITA*** **QUE INDIQUE O ESTATUTO".***

<u>***LEA VE MANAGEMENT***</u>

LEA VE MANAGEMENT IN ODOO É FEITA ATRAVÉS DE DUAS FASES *NA PRIMEIRA FASE DO PEDIDO DE LICENÇA DO EMPREGADO E O GESTOR DO RH OU O RESPONSÁVEL DE NÍVEL EM CAUSA DEVE SANCIONAR A LICENÇA.*

OO GERA UM RELATÓRIO DETALHADO PARA ANALISAR O COMPORTAMENTO DAS LICENÇAS. *O ADMINISTRADOR OU O FUNCIONÁRIO EM QUESTÃO PODE VISUALIZAR ESTES RELATÓRIOS ANTES DE SANCIONAR A LICENÇA A UM FUNCIONÁRIO.*

<u>***FAZER UM PEDIDO DE LEA VE***</u>

1. ***FOLHAS > AS MINHAS FOLHAS > RESUMO DAS FOLHAS > CRIAR***

2. ***PREENCHER OS CAMPOS E <SA VE>***

3. *(AGORA O ESTATUTO DA SUA LICENÇA É **"PARA APROVAR"**, SERÁ ALTERADO UMA VEZ QUE O FUNCIONÁRIO EM QUESTÃO APROVE ESTA LICENÇA).*

<u>*APROVEITAR FICHA*</u>

UMA VEZ QUE UM UTILIZADOR FAÇA UM PEDIDO DE LICENÇA, O OFICIAL EM QUESTÃO, TAL COMO O ADMINISTRADOR DO RH, DEVE APROVAR O MESMO PARA SANCIONAR A LICENÇA.

1. **LOGIN COMO ADMINISTRADOR**

2. **LEA VES > LEA VES A APROVAR**

3. **TODOS OS PEDIDOS DE LEA VE SERÃO LISTADOS AQUI**

4. *SELECCIONAR UM PEDIDO DE LICENÇA E APROVAR OU REJEITAR*

<u>*RELATÓRIO DE FICHA*</u>

O ADMINISTRADOR PODE VISUALIZAR *RELATÓRIOS* **DETALHADOS** *E VARIÁVEIS NO SEU PAINEL DE BORDO.*

- **LEA VES>REPORTS**

<u>*LEA VE ALLOCA TION*</u>

AO CONTRÁRIO DO PEDIDO DE FÉRIAS, A ATRIBUIÇÃO DE FÉRIAS É MAIS PLANEADA O *EMPREGADO PODE SOLICITAR A ATRIBUIÇÃO DE FÉRIAS PARA ELE (GERALMENTE NO CASO DE FÉRIAS LONGAS).*

A OPÇÃO DE ATRIBUIÇÃO DE LICENÇAS NO ODOO LEAVE MANAGEMENT *DÁ UMA INTERFACE FÁCIL PARA REALIZAR ESTA TAREFA.*

1. *FOLHAS > AS MINHAS FOLHAS > PEDIDO DE ATRIBUIÇÃO >
CRIAR*

2. *PREENCHER OS CAMPOS E CLICAR EM <GUARDAR> PARA
SUBMETER A LICENÇA AO GESTOR PARA APROVAÇÃO*

GESTÃO DE ASSIDUIDADE

*A GESTÃO DE RH INCLUI O MÓDULO DE ASSIDUIDADE QUE GERE A
ASSIDUIDADE DOS FUNCIONÁRIOS. AS PRESENÇAS SÃO REGISTADAS DE
ACORDO COM AS ACÇÕES DE CHECK IN/ CHECK OUT.*

*APÓS A INSTALAÇÃO DO MÓDULO DE ATENDIMENTO DAS
APLICAÇÕES DO ODOO, PODEMOS VER UM NOVO MENU CHAMADO
TTENDANCES.*

- *ENTRADA DE PRESENÇA: BASICAMENTE HÁ TRÊS MANEIRAS DE
  MARCAR A PRESENÇA:*
  1. *LOGIN DIRECTO E MARCAÇÃO DE PRESENÇA*
  2. *ADMIN FAZER CHECK IN E CHECK OUT MANUAL DE
     ENTRADA*
  3. *MODO KIOSK*

LOGIN DIRECTO E MARCAÇÃO DE PRESENÇA

*UMA VEZ QUE AS CREDENCIAIS DE INÍCIO DE SESSÃO DO SISTEMA
SÃO GERALMENTE UM VAILABLE PARA FUNCIONÁRIOS DE NÍVEL DE
OFICIAL, ESTA FACILIDADE DE MARCAÇÃO DE PRESENÇA ESTÁ
DISPONÍVEL APENAS PARA OS FUNCIONÁRIOS QUE TÊM UM NOME DE
UTILIZADOR E PALAVRA-PASSE DE INÍCIO DE SESSÃO DO SISTEMA.*

*PODEM ENTRAR NO SISTEMA E MARCAR A SUA PRESENÇA A PARTIR DO
MENU DE PRESENÇA: LOGIN > UMA TENDA*

ADMIN FAZER ENTRADA MANUAL

*UMA VEZ QUE O LOGIN DIRECTO NÃO É PERMITIDO PARA TODOS
OS UTILIZADORES, O ODOO OFERECE OUTRA OPÇÃO PARA MARCAR O
ATENDIMENTO. O ADMINISTRADOR OU QUALQUER PESSOA DEDICADA*

PODE MARCAR A PRESENÇA DE UM FUNCIONÁRIO DA EA CH.

1. ***PRESENÇAS -> GERIR PRESENÇAS ^PRESENÇAS -> CRIAR***

2. ***MARCAR OS CAMPOS E <SA VE>***

MODO KIOSK

NOVA INTERFACE FORNECIDA PELA VERSÃO 10 DO ODOO, *QUE ALIMENTA AS PRESENÇAS DOS EMPREGADOS UTILIZANDO OS SEUS DISTINTIVOS OU PIN. OS CRACHÁS PODEM SER IMPRESSOS A PARTIR DO FORMULÁRIO DE FUNCIONÁRIO. UTILIZANDO ESTES CRACHÁS, OS EMPREGADOS PODEM FAZER O CHECK IN/OUT.*

1. ***PRESENÇAS -> GERIR PRESENÇAS -> MODO QUIOSQUE***

2. ***OUTRA OPÇÃO É O CHECK IN/OUT USANDO PINO.*** *PARA ISSO, TEMOS DE ACTIVAR CONFIGURAÇÕES NO MENU DE ATENDIMENTO.*

3. ***USAR O BOTÃO "SELECT EMPLOYEE" NO MODO QUIOSQUE*** *PARA FAZER O CHECK IN/OUT USANDO O PIN. DÁ A INTERFACE PARA INTRODUZIR O PINO.*

RELATÓRIOS

■ *ADMIN PODE VER O RELATÓRIO DETALHADO DE PRESENÇAS >* ***RELATÓRIO***

PAYROLL

PARA PERMITIR AS FUNCIONALIDADES DE FOLHA DE PAGAMENTO TEMOS DE INSTALAR UM NOVO PLUGIN EM HR, *CHAMADO FOLHA DE PAGAMENTO. PARA INTEGRAR A FOLHA DE PAGAMENTOS COM A CONTABILIDADE, É NECESSÁRIO INSTALAR OUTRO PLUGIN QUE É A CONTABILIDADE DA FOLHA DE PAGAMENTOS DAS APLICAÇÕES DO ODOO.*

PARA GERAR UMA FOLHA DE REMUNERAÇÃO, O EMPREGADO DEVE

TER UM CONTRATO ACTIVO E UMA ESTRUTURA SALARIAL. AS ESTRUTURAS SALARIAIS SÃO CRIADAS UTILIZANDO DIFERENTES REGRAS SALARIAIS DE DIFERENTES CATEGORIAS.

<u>REGRA DE SALÁRIO</u>

AS REGRAS SALARIAIS SÃO OS BLOCOS BÁSICOS PARA O CÁLCULO DO SALÁRIO DE UM EMPREGADO. *ESPECIFICA COMO CALCULAR **DA, HRA,** E **BRUTO**, ETC. COMPONENTES DO **SALÁRIO DE** UMA PESSOA.*

<u>CRIAR REGRA SALARIAL</u>

1. ***ROLO DE PAGAMENTO -> REGRA SALARIAL -> CRIAR***

<u>DESCRIÇÃO DO CAMPO</u>

CONDIÇÃO: *ESTABELECER UMA CONDIÇÃO PARA APLICAR A REGRA:*

1. ***SEMPRE VERDADEIRA SIGNIFICA QUE A REGRA É SEMPRE APLICADA***

2. ***INTERVALO SIGNIFICA QUE PODE ESCOLHER UM INTERVALO SALARIAL*** *PARA APLICAR A REGRA*

3. ***AO ESCOLHER A EXPRESSÃO PYTHON*** *PODE CONFIGURAR MAIS PERSONALIZAÇÃO*

4. ***CÁLCULO:*** *ESCOLHA O ESQUEMA COMPUTACIONAL ENTRE AS OPÇÕES*

5. ***REGISTO DE CONTRIBUIÇÃO:*** *UTILIZAÇÃO, SE TERCEIROS ENVOLVIDOS NO PAGAMENTO DE SALÁRIOS*

6. ***"ADICIONAR MAIS REGRAS (SE NECESSÁRIO) DA TABULAÇÃO DE REGRAS PARA CRIANÇAS E SALTAR PARA AS TABULAÇÕES DE ENTRADAS E DESCRIÇÃO*** *PARA ADICIONAR OUTROS DETALHES NECESSÁRIOS À REGRA SALARIAL ABO UT".*

7. ***CLIQUE SA VE VE PARA GUARDAR A REGRA SALARIAL***

<u>***ACTUALIZAR/APAGAR UMA REGRA SALARIAL***</u>

1. **FOLHA DE PAGAMENTO > REGRA SALARIAL**

2. *SELECCIONE A REGRA DE PAGAMENTO QUE DESEJA ALTERAR DA LISTA E* **CLIQUE EM <EDIT> BOTÃO**

3. **FAZER AS ALTERAÇÕES NECESSÁRIAS NOS CAMPOS E <SAVE>**

4. **OU PODE ELIMINAR A REGRA DA ACÇÃO > ELIMINAR**

<u>***ESTRUTURA SALARIAL***</u>

A ESTRUTURA SALARIAL É O SEGUNDO BLOCO DE CONSTRUÇÃO NO CÁLCULO DOS SALÁRIOS. *UMA EMPRESA PODE TER UMA ESTRUTURA SALARIAL DIFERENTE PARA DIFERENTES EMPREGADOS.*

NESTA SECÇÃO PODEMOS DEFINIR DIFERENTES ESTRUTURAS SALARIAIS *COM A AJUDA DE REGRAS BÁSICAS QUE JÁ DEFINIMOS.*

<u>***CRIAR ESTRUTURA SALARIAL***</u>

1. **FOLHA DE PAGAMENTO -> CONFIGURAÇÃO -> ESTRUTURA SALARIAL -> CRIAR**

PODE ACRESCENTAR QUALQUER REGRA SALARIAL APLICÁVEL A ESTA ESTRUTURA PARA FAZER UMA NOVA REGRA SALARIAL.

2. **UMA VEZ TERMINADO CLIQUE <SAVE>**

<u>***ACTUALIZAR/APAGAR A ESTRUTURA SALARIAL***</u>

1. **FOLHA DE PAGAMENTO ->CONFIGURAÇÃO -> ESTRUTURA SALARIAL**

2. *SELECCIONAR A ESTRUTURA SALARIAL QUE DESEJA EDITAR*

3. *CLIQUE <EDIT>*

4. *FAZER AS ALTERAÇÕES E <SA VE>*

5. *OU PODE APAGAR A ESTRUTURA POR COMPLETO*

REGISTOS DE CONTRIBUIÇÃO

OS REGISTOS DE CONTRIBUIÇÃO SÃO UTILIZADOS PARA GERIR A COMPONENTE SALARIAL CONTRIBUÍDA POR ENTIDADES EXTERNAS. É NECESSÁRIO CRIAR PRIMEIRO TODOS OS REGISTOS DE CONTRIBUIÇÃO, DEPOIS É POSSÍVEL ACEDER A ELES ENQUANTO SE CRIA A REGRA SALARIAL.

1. *FOLHA DE PAGAMENTOS > REGISTO DE CONTRIBUIÇÃO > CREA TE*

2. *NOTA: "PODE ACTUALIZAR OU APAGAR O REGISTO DE CONTRIBUIÇÃO A PARTIR DO MESMO MENU".*

PAYSLIP

FOLHA DE PAGAMENTO É O RESULTADO FINAL DA FOLHA DE PAGAMENTO. UM RECIBO DE PAGAMENTO PASSA POR UM ESTATUTO DIFERENTE NA GESTÃO DA FOLHA DE PAGAMENTOS DO ODOO. 'RASCUNHO', 'ESPERA', 'FEITO', 'REJEITADO'.

ESTAS OPÇÕES SÃO PARA UMA GESTÃO ADEQUADA DENTRO DA ORGANIZAÇÃO. UMA FOLHA DE REMUNERAÇÃO PODE SER CRIADA POR UM EMPREGADO DE NÍVEL DE ENTRADA, MAS A SUA APROVAÇÃO DEVE SER PROVENIENTE DE UM EMPREGADO DE GESTÃO.

CRIAR RECIBO DE PAGAMENTO

1. *FOLHA DE PAGAMENTO > FOLHA DE PAGAMENTO DO EMPREGADO > CRIAR*

2. *DEPOIS DE PREENCHER AS INFORMAÇÕES NECESSÁRIAS, CLIQUE EM **FOLHA DE CÁLCULO PARA CALCULAR O SALÁRIO E***

***NOTA:** UMA VEZ CONFIRMADO, O RECIBO DE PAGAMENTO ESTARÁ EM FASE DE ESPERA UM UTILIZADOR DE NÍVEL OFICIAL DEVE MARCÁ-LO COMO FEITO PARA OBTER A APROVAÇÃO REAL DO RECIBO DE PAGAMENTO. AS MESMAS FASES DE REGRA SÃO TAMBÉM APLICÁVEIS ÀS FOLHAS DE PAGAMENTO EM LOTE.*

ACTUALIZAR OU APAGAR A FOLHA DE PAGAMENTO

1. *FOLHA DE PAGAMENTOS > PA YSLIP EMPREGADO*

2. *SELECCIONAR QUALQUER CONTRACHEQUE QUE DESEJE ACTUALIZAR/APAGAR > EDITAR*

3. *FAZER ALTERAÇÕES E SALVAR*

4. *OU DESCARTAR PARA APAGAR A FOLHA DE PAGAMENTO*

PAGAMENTO DE LOTES

*A **FOLHA DE PAGAMENTO EM LOTE É UTILIZADA PARA PROCESSAR A FOLHA DE PAGAMENTO DE UM GRUPO DE EMPREGADOS.** É POSSÍVEL ADICIONAR O NÚMERO DE EMPREGADOS A UM ÚNICO LOTE E GERAR FOLHAS DE PAGAMENTO SIMULTANEAMENTE EM VEZ DE PROCESSAMENTO INDIVIDUAL.*

CREA TE BA TCH PA YSLIP

1. *FOLHA DE PAGAMENTO -> FOLHAS DE PAGAMENTO -> CRIAR*

2. *CLIQUE EM ADD AN ITEM TO ADD EMPLOYEES TO LIST*

3. *ADICIONAR TODOS OS EMPREGADOS DE QUE NECESSITA À LISTA E <SA VE>.*

UPDATE/DELETE BA TCH PA YSLIP

1. **FOLHAS DE PAGAMENTO -> FOLHAS DE PAGAMENTO**

2. *SELECCIONE A NOTA DE LOTE DA LISTA E CLIQUE EM <EDIT>*

3. *FAZER ALTERAÇÕES E SALVAR*

4. *OU PODE DEITAR FORA*

EXPENSÕES

AS DESPESAS BARRADAS A UM EMPREGADO PODEM SER GERIDAS COM PASSOS SIMPLES
EM ODOO GESTOR DE DESPESAS. *AQUI UM EMPREGADO PODE GERAR, SUBMETER E ACOMPANHAR O ESTADO DAS SUAS DESPESAS.*

HÁ DUAS MANEIRAS DE GERAR DESPESAS. **QUER POR MODO DE DESPESA ÚNICA OU "REPORTAR DESPESA".**

1. **COMO O NOME INDICA TES PRIMEIRO** *SÓ PODE INCLUIR UMA ÚNICA DESPESA DE CADA VEZ, MAIS TARDE PODE ACRESCENTAR MUITOS ITENS E DESPESAS NUM ÚNICO RELATÓRIO.*

2. **ASSIM QUE O FUNCIONÁRIO APRESENTAR OS DETALHES DAS DESPESAS, O** *GESTOR OU OFICIAL EM QUESTÃO PODERÁ VISUALIZÁ-LOS E TOMAR MEDIDAS.*

UMA FACTURA DE DESPESAS PASSA POR DIFERENTES ESTADOS COMO **"SUBMETIDO"**, */APROVADO",* **"POSTADO",** *E* **"PAGO".**

ESTAS OPÇÕES SÃO PARA UMA GESTÃO ADEQUADA *DA CONTA DE DESPESAS DENTRO DA ORGANIZAÇÃO, TAL COMO NO CASO DO CONTRACHEQUE.*

■ *POR EXEMPLO, A APROVAÇÃO DAS DESPESAS PODE SER DADA PELO DEPARTAMENTO DE OPERAÇÕES E O PAGAMENTO É FEITO PELO DEPARTAMENTO FINANCEIRO.*

GENERA TE AN DESPESA

CRIAÇÃO DE DESPESAS ÚNICAS

1. DESPESAS > MINHAS DESPESAS > DESPESAS A SUBMETER > CREA TE

2. PREENCHER OS CAMPOS E CLICAR EM <SUBMETER AO GESTOR>

- *"PODE ADICIONAR MAIS ITENS A UMA MESMA CONTA DE DESPESAS*

- *"ASSIM QUE A DESPESA É SUBMETIDA, PODE VER O ESTADO DA DESPESA MUDA"*

3. FINALMENTE SA VE VE A CONTA DE DESPESAS.

NOTA: "AGORA TEM DE SER APROVADO POR UM UTILIZADOR DE NÍVEL OFICIAL. POSTADO SIGNIFICA QUE A FOLHA DE PAGAMENTO É AFIXADA NO DIÁRIO E FINALMENTE O ESTADO DE PAGAMENTO INDICA O PAGAMENTO EFECTIVO.

- TODAS ESTAS MUDANÇAS DE ESTADO PODEM SER FEITAS POR DIFERENTES UTILIZADORES. A MESMA REGRA É TAMBÉM APLICÁVEL AO RELATÓRIO DE DESPESAS".

CRIAÇÃO DE RELATÓRIO DE DESPESAS (ENTRADA MÚLTIPLA DE DESPESAS NUMA ÚNICA FACTURA)

1. DESPESAS > RELATÓRIOS DE DESPESAS > CRIAR

2. CLIQUE EM <ADD ITEM> PARA ADICIONAR DESPESAS ÚNICAS À SUA CONTA.

3. *PODE ESCOLHER UMA DESPESA JÁ CRIADA PARA A SUA LISTA OU PODE CRIAR UMA NOVA DESPESA CLICANDO EM* **<CRIAR> BOTÃO**

4. *<SUBMETER **AO GESTOR**> PARA APROVAÇÃO*

APROVAR / PAGAR / REJEITAR DESPESAS

A APROVAÇÃO DE DESPESAS É O DEVER DO CHEFE DO DEPARTAMENTO EM QUESTÃO.

1. DESPESAS > PARA APROVAR > RELATÓRIO DE DESPESAS PARA APROVAR

DA LISTA SELECCIONAR UMA DESPESA APRESENTADA, EXAMINÁ-LA E TOMAR AS MEDIDAS ADEQUADAS.

GESTÃO DA FOLHA DE TEMPOS

AS FOLHAS DE TEMPO ESTÃO ESTREITAMENTE ASSOCIADAS À GESTÃO DE PROJECTOS. *NO MÓDULO DE HR DOO DÁ A CARACTERÍSTICA DE PREPARAR A FOLHA DE HORAS PARA CADA EMPREGADO.*

A CARACTERÍSTICA IMPORTANTE DA FOLHA DE PONTO DO ODOO É QUE, *PODE INTEGRAR-SE COM A PRESENÇA DO EMPREGADO, DANDO ASSIM UM HORÁRIO DE TRABALHO PRECISO.*

CRIAR FOLHA DE TEMPOS

1. **TIMESHEET -> A MINHA TIMESHEET -> CREA TE**

2. *UTILIZAR A LISTA PENDENTE PARA SELECCIONAR O PROJECTO E CLICAR <ADICIONAR **UMA** LINHA> PARA ADICIONAR MAIS PROJECTOS*

3. **IR AO SEPARADOR DE DETALHES** *PARA ADICIONAR MAIS DETALHES SOBRE A FOLHA DE TEMPOS*

4. *<SA **VE**> A FOLHA DE TEMPOS E ESTA SERÁ AUTOMATICAMENTE SUBMETIDA AO GESTOR PARA APROVAÇÃO.*

APROVO A FOLHA DE TEMPOS I REJEITO

A DECISÃO SOBRE UMA FOLHA DE TEMPOS SUBMETIDA É TOMADA POR UM FUNCIONÁRIO DE NÍVEL DE GESTÃO. *LOGIN COMO OFICIAL DE NÍVEL **ADMINISTRATIVO** OU DE **GESTÃO** PARA VER AS OPÇÕES DE GESTÃO DA FOLHA DE HORAS DE TRABALHO*

    *1. **TIMESHEET-> PARA APROVAR -> TIMESHEETS PARA APROVAR***

SELECCIONAR QUALQUER FOLHA DE TEMPOS DA LISTA PARA VER O ESTADO DA FOLHA DE TEMPOS. *AQUI PODE VER QUE A PRESENÇA DO RESPECTIVO FUNCIONÁRIO ESTÁ INTEGRADA NA FOLHA DE HORAS DE TRABALHO PARA UMA MELHOR TOMADA DE DECISÕES.*

RELATÓRIO DA FOLHA DE HORAS DE TRABALHO

O FUNCIONÁRIO EM QUESTÃO PODE VISUALIZAR RELATÓRIOS SOBRE A FOLHA DE TEMPOS A PARTIR DO MENU SEGUINTE. A VISUALIZAÇÃO ANALÍTICA DETALHADA ESTÁ DISPONÍVEL NO MENU SEGUINTE.

    *1. **TIMESHEET > RELATÓRIOS***

GESTÃO DE RECRUTAMENTO

O PROCESSO DE RECRUTAMENTO É UM DOS MAIORES DESAFIOS PARA O DEPARTAMENTO DE RH *E O ODOO FORNECE MÓDULOS DE RECRUTAMENTO PARA FACILITAR O PROCESSO.*

DE APLICAÇÕES ODOO PODEMOS INSTALAR PLUGINS RELACIONADOS COM O RECRUTAMENTO DE RH. *AQUI PODEMOS VER TRÊS ADD-ONS RELACIONADOS COM O PROCESSO DE RECRUTAMENTO.*

AQUI, O PLUGIN DE EMPREGOS EM LINHA INSTALA O MÓDULO DO

__WEBSITE E CRIARÁ UMA NOVA PÁGINA NO SEU WEBSITE DENOMINADA EMPREGOS.__ HR FORMULÁRIOS DE ENTREVISTA DE RECRUTAMENTO INSTALARÁ O MÓDULO DE INQUÉRITO PARA FORMULÁRIOS DE ENTREVISTA.

__CRIAR VAGAS DE EMPREGO__

__PARA CRIAR UMA VAGA DE EMPREGO DEVE ENTRAR COMO ADMINISTRADOR__ OU OFICIAL DESIGNADO:

1. *__RECRUTAR-> CONFIGURAÇÃO-> CARGO-> CRIAR__ OU*

2. *__RECRUTA-> POSIÇÃO DE TRABALHO-> CRIAR__*

3. *PREENCHER OS DETALHES DO TRABALHO E PUBLICAR __NO WEBSITE__*

4. *AGORA PODE VER O EMPREGO LISTADO NO SEU __SÍTIO WEB__ EM JOBS TAB*

__DEFINIR O PROCESSO DE RECRUTAMENTO__

__CADA EMPRESA TEM O SEU PRÓPRIO PROCESSO DE RECRUTAMENTO.__ PODE DEFINIR AS SUAS PRÓPRIAS FASES DE RECRUTAMENTO PARA RECRUTAMENTO.

1. *__RECRUTAMENTO> CONFIGURAÇÃO> ETAPAS > CRIAR__*

2. *__"UTILIZAR A OPÇÃO DROPDOWN ESPECÍFICA DO TRABALHO__ PARA RESTRINGIR A FASE A POSTOS DE TRABALHO ESPECÍFICOS".*

__CREA TE FORMULÁRIO DE RECRUTAMENTO__

__PARA ESCOLHER O FORMULÁRIO DE INQUÉRITO/QUESTIONÁRIO A SER PREENCHIDO PELO CANDIDATO__ DURANTE A CANDIDATURA AO EMPREGO, ACTIVAR A MESMA OPÇÃO A PARTIR DO MENU DE DEFINIÇÕES. __UMA VEZ ACTIVADA A OPÇÃO, PODE VER UMA OPÇÃO NA JANELA DE CRIAÇÃO DE EMPREGO__ PARA ADICIONAR

QUESTIONÁRIOS:

1. USE ADICIONAR UM ITEM PARA ADICIONAR CAMPOS AO SEU FORMULÁRIO

2. APÓS A CONCLUSÃO <SA VE>

APLIQUE PARA TRABALHO

O FORNECE UMA SOLUÇÃO COMPLETA PARA O PROCESSO DE RECRUTAMENTO. *ONCE*
PUBLICAR AS OPORTUNIDADES CRIADAS NO WEBSITE, OS CANDIDATOS A EMPREGO PODEM VER O MESMO. O UTILIZADOR PODE VER O ANÚNCIO DETALHADO E CANDIDATAR-SE APENAS CLICANDO NO ANÚNCIO.

*1. CLICANDO EM **<SUBMIT>**. O UTILIZADOR SUBMETE A SUA CANDIDATURA.*

APLICAÇÃO DE TRABALHO DE PROCESSO

O ADMINISTRADOR DE RECRUTAMENTO PODE VISUALIZAR TODAS AS CANDIDATURAS *E INFORMAÇÕES PESSOAIS RELACIONADAS LISTADAS NO SEU PAINEL DE BORDO.*

*1. **RECRUTAMENTO > POSTO DE TRABALHO***

2. CLIQUE <APLICAÇÃO>VER OS CANDIDATOS E O SEU ESTADO DE RECRUTAMENTO.

*3. **APENAS ARRASTAR E LARGAR** PARA ALTERAR O ESTATUTO DOS EMPREGADOS*

CAPÍTULO 4:PONTO DE VENDA

<u>*PONTO DE VENDA*</u>

AS CARACTERÍSTICAS DE COMPRA E CONSUMO DOS CONSUMIDORES ESTÃO A MUDAR RAPIDAMENTE. AO CONTRÁRIO DO QUE ACONTECIA NO PASSADO, OS CLIENTES NÃO TÊM MUITO TEMPO A PASSAR NAS LOJAS PARA ENCONTRAR O PRODUTO DESEJADO.

- *CONSEQUENTEMENTE, AS VENDAS DE COMÉRCIO ELECTRÓNICO ESTÃO A AUMENTAR. A MODERNIZAÇÃO E A DIGITALIZAÇÃO EM TODOS OS PONTOS POSSÍVEIS TORNARÁ AS COMPRAS MAIS INTERESSANTES E SEM COMPLICAÇÕES.*

O 'PONTO DE VENDA' É UM LOCAL OPORTUNO ONDE SE PODE UTILIZAR ESTA TÉCNICA DE DIGITALIZAÇÃO PARA PROPORCIONAR UMA EXCELENTE EXPERIÊNCIA AO CLIENTE. POS É O LOCAL ONDE É REALIZADA UMA TRANSACÇÃO DE VENDA A RETALHO.

GERALMENTE, A FACTURAÇÃO E OS AJUSTAMENTOS FINAIS SÃO FEITOS A ESTE PONTO.

- *MÓDULO POS COMBINADO COM COMPONENTES DE HARDWARE COMO O LEITOR DE CÓDIGO DE BARRAS, CAIXA POS, ETC. REALIZAR O PROCEDIMENTO DE VENDA.*

A MAIORIA DOS ACTUAIS SISTEMAS ERP FORNECE OPÇÃO DE PONTO DE VENDA COM CONFIGURAÇÕES VARIÁVEIS. PARA ALÉM DA OPÇÃO DE FACTURAÇÃO RÁPIDA, UMA EXCELENTE POS PODE FACILITAR FUNCIONALIDADES COMO,

- *APOIO A PROGRAMAS DE DESCONTOS E FIDELIZAÇÃO,*
- *SUPORTE DO TIPO PA YMENT MÚLTIPLO,*
- *SERVIR MÚLTIPLOS CLIENTES DE UMA SÓ VEZ E*
- *GESTÃO, CONTABILIDADE, ETC. ESPECÍFICA DO CLIENTE.*

PARA PERMITIR CARACTERÍSTICAS COMO ESTA, UM SISTEMA PÓS SISTEMA DEVE SER INTEGRADO COM CRM, INVENTÁRIO, CONTABILIDADE E OUTROS MÓDULOS NECESSÁRIOS NO ERP.

O RELATÓRIO DE ANÁLISE DETALHADA É OUTRA CARACTERÍSTICA

OBRIGATÓRIA EM TODOS OS SISTEMAS POSTERIORES. *A ANÁLISE DAS VENDAS EM CADA POSTE É O FACTOR CHAVE PARA TOMAR A DECISÃO DE MELHORIA DAS VENDAS.*

- ***O POS É UM EXCELENTE ERP ONDE SE PODE ENCONTRAR TODAS ESTAS CARACTERÍSTICAS POR DEFEITO.***

ALÉM DISSO, MUITOS ADD-ONS E APLICAÇÕES DO ODOO APP STORE *MELHORAM AINDA MAIS AS CAPACIDADES DO ODOO POS COMO EM QUALQUER OUTRO MÓDULO.*

A INTERFACE SIMPLES E DE FÁCIL UTILIZAÇÃO DO MÓDULO DE PONTO DE VENDA ODOO *PERMITE AO UTILIZADOR CONFIGURAR E COMPLETAR TODAS AS SUAS NECESSIDADES DE VENDAS COM PASSOS SEM COMPLICAÇÕES.*

*ALGUMAS DAS **CARACTERÍSTICAS** QUE FAZEM DO **ODOO** UM APLICATIVO POS DE BOM DESEMPENHO SÃO:*

1. ***PAGAMENTOS***

    9. ***MÉTODOS DE PAGAMENTO:*** *DINHEIRO, CHEQUES, E MÉTODOS DE PAGAMENTO COM CARTÃO DE CRÉDITO ESTÃO DISPONÍVEIS. TAMBÉM PODEM SER ACRESCENTADOS NOVOS TIPOS DE MÉTODOS DE PAGAMENTO.*

    10. ***CARTÕES DE CRÉDITO/DÉBITO:*** *TODOS OS PAGAMENTOS ELECTRÓNICOS SÃO TRATADOS POR TERMINAIS DE PAGAMENTO EXTERNOS.*

    11. ***PROPOSTAS DIVIDIDAS:*** *UMA ÚNICA ENCOMENDA PODE SER PAGA COMO UM PAGAMENTO DIVIDIDO ENTRE VÁRIAS PARTES, BEM COMO COM MÉTODOS DE PAGAMENTO SEPARADOS.*

    12. ***ARREDONDAMENTO DA MOEDA:*** *OS PREÇOS E OS PAGAMENTOS PODEM SER ARREDONDADOS PARA A DENOMINAÇÃO MAIS PEQUENA DA MOEDA.*

13. ***PAGAMENTOS OFFLINE:*** *AS ENCOMENDAS FEITAS OFFLINE SÃO AUTOMATICAMENTE SINCRONIZADAS QUANDO É RESTABELECIDA A LIGAÇÃO.*

14. ***INVOICANDO:*** *GERAR E IMPRIMIR FACTURAS PARA OS SEUS CLIENTES COMERCIAIS.*

15. ***CONTABILIDADE: OS*** *PAGAMENTOS SÃO DIRECTAMENTE INTEGRADOS NA CONTABILIDADE DO ODOO PARA TORNAR A CONTABILIDADE SIMPLES E FIÁVEL.*

16. ***DICAS AO CLIENTE*** *APOIA A GORJETA DO CLIENTE QUER COMO UM MONTANTE ADICIONAL, QUER CONVERTENDO A MUDANÇA NUMA GORJETA.*

2. *CHECKOUT*

8. ***PREÇOS & DESCONTOS:*** *ESTABELECER PREÇOS DE CLIENTE OU OFERECER DESCONTOS BASEADOS EM PERCENTAGENS SOBRE UM ÚNICO PRODUTO OU SOBRE A TOTALIDADE DA ENCOMENDA.*

9. ***ORDENS PARALELAS:*** *COLOCAR ORDENS DE LADO E PROCESSAR VÁRIAS ORDENS AO MESMO TEMPO.*

10. ***RECIBOS PERSONALIZADOS:*** *ANUNCIAR AS SUAS PROMOÇÕES ACTUAIS, HORAS DE FUNCIONAMENTO, E PRÓXIMOS EVENTOS NOS SEUS RECIBOS IMPRESSOS.*

11. ***PONDERAÇÃO NO BALCÃO:*** *CALCULAR O PESO DO PRODUTO DURANTE A SAÍDA DA CAIXA COM A INTEGRAÇÃO DA BALANÇA ELECTRÓNICA.*

12. ***UMA BUSCA RÁPIDA EM CHAMAS:*** *ENCONTRE RAPIDAMENTE OS SEUS CLIENTES E PRODUTOS COM AS CARACTERÍSTICAS DE PESQUISA INCORPORADAS.*

13. ***VENDER EM MOVIMENTO:*** *COM SUPORTE DE IPAD E ANDROIDE TABLET, VENDA EM QUALQUER LUGAR DENTRO DA SUA LOJA OU RESTAURA URANT.*

14. ***CÓDIGOS DE BARRAS DINÂMICOS:*** *INSIRA INFORMAÇÕES SOBRE PREÇO, PESO E DESCONTO DIRECTAMENTE NOS SEUS CÓDIGOS DE BARRAS.*

3. *GESTÃO DE LOJAS*

7. ***HISTÓRIA DA ORDEM:*** *VER TODAS AS ENCOMENDAS PASSADAS BEM COMO PESQUISA POR CLIENTE, PRODUTO, CAIXA, OU DATA.*

8. ***VENDAS DIÁRIAS:*** *MANTER REGISTO DAS VENDAS DIÁRIAS E DOS TOTAIS PARA CADA TIPO DE PAGAMENTO.*

9. ***CONTAS DE CAIXA:*** *GERIR MÚLTIPLAS CONTAS DE CAIXA E PROTEGÊ-LAS COM CRACHÁS OU CÓDIGOS PIN.*

10. ***FLUXOS DE CAIXA:*** *CONTROLAR OS AJUSTAMENTOS DA CAIXA REGISTADORA E VERIFICAR FACILMENTE O CONTEÚDO DA CAIXA NO FINAL DO DIA.*

11. ***STOCK & INVENTÁRIO:*** *MONITORIZAR O SEU STOCK EM TEMPO REAL, GERIR O SEU INVENTÁRIO EM TODOS OS LOCAIS, E REVER OS ENVIOS COM A INTEGRAÇÃO DO STOCK DO ODOO.*

12. ***FRANQUESES:*** *PRÉ-CONFIGURE AS SUAS LOJAS DE FRANCHISING, FAÇA UMA VISÃO GERAL DAS SUAS VENDAS, E ADMINISTRE CENTRALMENTE O SEU STOCK E CONTABILIDADE.*

4. *CLIENTE & FIDELIDADE*

5. ***REGISTAR CLIENTES:*** *IDENTIFIQUE OS SEUS CLIENTES ATRAVÉS DO SIMPLES REGISTO DO SEU E-MAIL E ENDEREÇO*

DE CONTACTO, O QUE LHE PERMITE OFERECER DESCONTOS E MANTER UM REGISTO DAS VENDAS INDIVIDUAIS.

6. ***IDENTIFICAR CLIENTES: PROCURE OS*** *SEUS CLIENTES COM A FUNÇÃO DE PROCURA OU IDENTIFIQUE-OS COM UM CÓDIGO DE BARRAS IMPRESSO NO SEU CARTÃO DE FIDELIDADE.*

7. ***CLIENTES COMERCIAIS:*** *REGISTE O NÚMERO DE IVA DO SEU CLIENTE E APLIQUE-O ÀS FACTURAS.*

8. ***CARTÕES DE FIDELIDADE:*** *RECOMPENSE OS SEUS CLIENTES COM PONTOS DE FIDELIDADE E TROQUE-OS POR PRESENTES OU DESCONTOS. OS PONTOS PODEM SER GANHOS POR PRODUTO, POR ENCOMENDA, OU POR VALOR DE VENDA.*

9. ***GESTÃO DE RESTAURANTES***

7. ***PLANTAS DOS ANDARES:*** *ATRIBUIR ENCOMENDAS ÀS MESAS E RECEBER UMA VISÃO GERAL DOS ANDARES DO SEU RESTAURANTE, BEM COMO FAZER ALTERAÇÕES EM VIAGEM COM O EDITOR GRÁFICO.*

8. ***GERIR OS LUGARES:*** *MANTENHA-SE A PAR DOS SEUS CONVIDADOS COM UMA VISÃO GERAL DA CAPACIDADE DO SEU RESTAURANTE E DA DISPONIBILIDADE DE MESAS.*

9. ***IMPRESSÃO NA COZINHA:*** *ENVIAR AS INSTRUÇÕES DE ENCOMENDA PARA AS IMPRESSORAS DE BAR E COZINHA. AS INSTRUÇÕES PODEM SER ENVIADAS A DIFERENTES TIPOGRAFIAS, DE FORMA AUTOMÁTICA, COM BASE NA CATEGORIA DO PRODUTO.*

10. ***ENCOMENDAS ATRASADAS:*** *RECEBER ORDENS PARA DIFERENTES PRATOS DE UMA SÓ VEZ COM A POSSIBILIDADE DE AS ENVIAR PARA A IMPRESSORA DA COZINHA EM HORÁRIOS SEPARADOS.*

11. ***NOTAS DE ENCOMENDA DE COZINHA:*** *ADICIONAR NOTAS PARA AS PREFERÊNCIAS DO CLIENTE, ALERGIAS, OU PEDIDOS ESPECIAIS E ENVIÁ-LAS PARA AS IMPRESSORAS DE COZINHA OU DE BAR.*

12. ***FILHOS DE SPLIT:*** *DEIXAR OS CLIENTES PAGAR SEPARADAMENTE OU EM MOMENTOS DIFERENTES ATRAVÉS DA DIVISÃO DAS ENCOMENDAS.*

10. *PRODUTOS*

7. ***CATEGORIAS DE PRODUTOS:*** *ORGANIZE OS SEUS PRODUTOS COM CATEGORIAS HIERÁRQUICAS DE PRODUTOS. ENCOMENDE-OS POR POPULARIDADE E EXIBA DIFERENTES CATEGORIAS EM DIFERENTES PONTOS DE VENDA.*

8. ***PESQUISA DE PRODUTOS:*** *ENCONTRAR RAPIDAMENTE PRODUTOS PELO SEU NOME, CÓDIGO DE BARRAS, OU DESCRIÇÃO COM A FUNÇÃO DE PESQUISA INTEGRADA.*

9. ***UNIDADES DE MEDIDA:*** *VENDA OS SEUS PRODUTOS COM UNIDADES DE MEDIDA PERSONALIZADAS OU PREDEFINIDAS E ACTUALIZE O SEU STOCK EM CONFORMIDADE.*

10. ***MÚLTIPLOS CÓDIGOS DE BARRAS:*** *CONFIGURAR MÚLTIPLOS CÓDIGOS DE BARRAS PARA O MESMO PRODUTO COM NOMENCLATURAS DE CÓDIGOS DE BARRAS.*

11. ***VARIANTES DO PRODUTO:*** *VENDER TAMANHOS, CORES, OU CONFIGURAÇÕES DIFERENTES DO MESMO PRODUTO COM VARIANTES DO PRODUTO.*

12. ***GRANDE CONTAGEM DE PRODUTOS:*** *O SISTEMA DE PONTOS DE VENDA DAO É CAPAZ DE REALIZAR UMA ESCALA DE MAIS DE 100.000 PRODUTOS.*

11. *APLICAÇÃO WEB*

5. ***APOIO AO NAVEGADOR:*** *O ODOO POS É UMA APLICAÇÃO BASEADA NA WEB E PODE SER IMPLANTADA EM QUALQUER DISPOSITIVO E OS **CROMO** EM EXECUÇÃO, **FIREFOX**, OU **SAFARI**. **MICROSOFT WINDOWS**, **APPLE OSX**, **LINUX**, **ANDROID**, E **IOS** SÃO **TODOS SISTEMAS OPERATIVOS** SUPORTADOS.*

6. ***PC COMPATÍVEL:*** *O POS TAMBÉM PODE SER UTILIZADO EM PCS E COMPRIMIDOS PADRÃO, BEM COMO EM TERMINAIS DE ECRÃ TÁCTIL INDUSTRIAIS.*

7. ***TRABALHA OFFLINE:*** *A POS DOO CONTINUARÁ A TRABALHAR ENQUANTO ESTIVER OFFLINE. O WEB BROWSER PODE SER FECHADO OFFLINE SEM PERDA DE DADOS.*

8. ***HTML5 MODS:*** *A POS DOO É OPEN-SOURCE E PODE SER PERSONALIZADA COM MÓDULOS DE EXTENSÃO HTML5/JS*

POR DEFEITO, EXISTEM DOIS TIPOS DE UTILIZADORES NO MÓDULO ODOO POS. *ADMIN PODE CRIAR E ATRIBUIR ESTA FUNÇÃO A QUALQUER UM DOS SEUS EMPREGADOS.*

1. ***GERENTE:*** *ELE TEM O CONTROLO COMPLETO SOBRE TODOS OS NÓS PÓS. ELE CONFIGURA, MONITORIZA E GERE.*

   - *ELE CRIA UMA POS E ATRIBUI-A A QUALQUER UTILIZADOR. PODE TAMBÉM ADICIONAR E ACTUALIZAR INFORMAÇÕES SOBRE O PRODUTO.*

2. ***UTILIZADOR:*** *ESTE UTILIZADOR TERÁ ACESSO APENAS ÀS POSES QUE LHE FOREM ATRIBUÍDAS.*

   - *ELE PODE ENTRAR NA SUA POSIÇÃO E INICIAR A SESSÃO.*

<u>**COMO FUNCIONA O ODOO POS**</u>

O GESTOR CRIA E CONFIGURA CADA NÓ POS POS EM ODOO POS. *O ADMINISTRADOR DO SISTEMA PODE ATRIBUIR ESTE NÓ DE POS PARA UTILIZADORES APROPRIADOS A PARTIR DO SEPARADOR 'PONTO DE VENDA' NO PERFIL DO UTILIZADOR.*

- ***QUANDO UM UTILIZADOR FAZ O LOGIN NO SISTEMA, SERÁ DIRECCIONADO PARA O SEU PAINEL DE INSTRUMENTOS PÓS-INGRESSO.***

A PARTIR DAÍ ELE PODE REALIZAR OPERAÇÕES DE VENDA. UM UTILIZADOR DEVE INICIAR UMA NOVA SESSÃO OU RETOMAR UMA SESSÃO EXISTENTE PARA REALIZAR OPERAÇÕES DE VENDA.

- ***ALÉM DISSO, UM UTILIZADOR NÃO PODE UTILIZAR DUAS SESSÕES DE PONTOS DE VENDA SIMULTANEAMENTE.***

O PONTO IMPORTANTE A ASSINALAR NO ODOO POS É QUE A SESSÃO DO PONTO DE VENDA DEVE SER ENCERRADA E VALIDADA A FIM DE GERAR TODOS OS LANÇAMENTOS CONTABILÍSTICOS.

QUANDO UM VENDEDOR FECHA E VALIDA A SUA SESSÃO, AS RESPECTIVAS ENTRADAS *SERÃO PASSADAS PARA O MÓDULO DE CONTABILIDADE, A PARTIR DAQUI, A PESSOA AUTORIZADA PODE COMPROMETER AS TRANSACÇÕES EFECTUADAS.*

UMA OUTRA CARACTERÍSTICA DISTINTIVA DO ODOO POS É LISTADA ABAIXO.

<u>***CONFIGURAÇÃO BÁSICA***</u>

<u>***CRIAÇÃO DE UM NOVO MÉTODO DE PAGAMENTO***</u>

1. ***PARA ADICIONAR UM NOVO MÉTODO DE PAGAMENTO*** *AO SEU SISTEMA DE CORREIO, SIGA OS PASSOS.*

2. ***CLIQUE*** <PA YMENTMETHODS>***OPÇÃO*** *NA GUIA DE CONFIGURAÇÃO, E*

3. ***CLIQUE EM <CRIAR> BOTÃO,*** *QUE O GUIARÁ PARA A SEGUINTE JANELA*

4. ***CLIQUE <CONFIGURAÇÕES AVANÇADAS>, <PONTO DE VENDA>TABS*** *PARA ENCONTRAR OPÇÕES MAIS PERSONALIZÁVEIS.*

<u>*CRIAÇÃO DE NOVA CATEGORIA DE PRODUTO*</u>

A SUA LISTA DE PRODUTOS PODE SER PERSONALIZADA/CATEGORIZADA DE ACORDO COM AS SUAS NECESSIDADES. *PARA CRIAR UMA NOVA CATEGORIA DE PRODUTO, SIGA OS PROCEDIMENTOS ABAIXO:*

1. ***CLIQUE <POR CATEGORIAS DE PRODUTOS>OPÇÃO*** *NA GUIA DE CONFIGURAÇÃO, E*

2. ***CLIQUE EM <CRIAR>BOTÃO,*** *QUE O GUIARÁ PARA A SEGUINTE JANELA*

3. ***PREENCHER TODOS OS CAMPOS E <SA VE>NOVA*** *CATEGORIA.*

NOTA: *"PODE APAGAR OU EDITAR QUALQUER CATEGORIA EM PARTICULAR A PARTIR DO MESMO MENU".*

<u>*CREA TING NOVO PONTO DE VENDA*</u>

PODE CRIAR QUALQUER NÚMERO DE PONTOS DE VENDA. *QUANDO SE CRIA UM UTILIZADOR PODE VER UMA OPÇÃO PARA ATRIBUIR UMA POS PARA O UTILIZADOR.*

1. ***CLIQUE <PONTO DE VENDA>OPÇÃO*** *NA GUIA DE CONFIGURAÇÃO, E*

2. ***CLIQUE EM <CRIAR>,*** *BOTÃO, QUE O GUIARÁ PARA A SEGUINTE JANELA*

3. *PREENCHER TODOS OS CAMPOS NECESSÁRIOS, INCLUINDO DIÁRIO, MÉTODOS DE PAGAMENTO DE POS, ETC. E **CLIQUE EM***

<SA VE>.

<u>*ADICIONAR NOVOS PRODUTOS À LISTA*</u>

*1. **PARA ADICIONAR NOVOS PRODUTOS** À SUA LISTA SIGA OS PROCEDIMENTOS ABAIXO*

*2. **CLIQUE <PRODUTO>OPÇÃO** EM <ORDENS>TAB, E*

*3. **CLIQUE EM <CRIAR>,** BOTÃO, QUE O GUIARÁ PARA A SEGUINTE JANELA*

*4. **PREENCHER OS CAMPOS COM A ESPECIFICAÇÃO DO PRODUTO.***

*5. **ALTERNAR ENTRE INFORMAÇÕES GERAIS, INVENTÁRIO, VENDAS, E GUIAS DE FACTURAÇÃO** PARA ENCONTRAR MAIS OPÇÕES E DEFINIÇÕES PARA O PRODUTO E <GUARDAR>.*

***NOTA:** "PODE EDITAR DETALHES DE QUALQUER PRODUTO ESPECÍFICO A PARTIR DO MESMO MENU (ISTO É **<PRODUTO>OPÇÃO EM <ORDENS>TAB**), CLICANDO NA IMAGEM DO RESPECTIVO PRODUTO".*

<u>*OUTRAS CONFIGURAÇÕES DIVERSAS.*</u>

■ *PODE ENCONTRAR ALGUMAS CONFIGURAÇÕES ÚTEIS E IMPORTANTES COMO ACTIVAR O PAGAMENTO COM CARTÃO, ACTIVAR O MODO RESTAURANTE, ETC. EM <SETTINGS> MENU NA GUIA DE CONFIGURAÇÃO*

<u>*POS RESTAURANTE MODO CONFIGURA TION*</u>

*1. **FIND ACTIVATE TABLE MANAGEMENT** OPTION FROM <SETTINGS>MENU UNDER <CONFIGURATION> TAB.*

<u>**PLANEAMENTO DE PISOS E MESAS EM RESTAURANTE**</u>

PERSONALIZAR O PISO E A DISPOSIÇÃO DOS LUGARES NO SEU RESTAURANTE *(ESTA OPÇÃO SÓ ESTARÁ DISPONÍVEL APÓS ACTIVAR A CONFIGURAÇÃO DO RESTAURANTE)*

1. ***CLIQUE EM <PLANOS DO CHÃO>OPÇÃO*** *NA ABA DE CONFIGURAÇÃO, E CLIQUE EM **<CRIAR>**, BOTÃO, QUE O GUIARÁ PARA A SEGUINTE JANELA*

2. ***CLIQUE <ADICIONAR UM ITEM>PARA*** *ADICIONAR TABELAS E GERIR A DISPOSIÇÃO DOS LUGARES NESSE ANDAR.*

NOTA: *"PODE EDITAR DETALHES DE QUALQUER TABELA/PISO EM PARTICULAR A PARTIR DO MESMO MENU (OU SEJA **<PLANOS DE PISO> OPÇÃO NA GUIA DE CONFIGURAÇÃO>).***

<u>**ADICIONAR NOVA IMPRESSORA**</u>

ANEXAR NOVA IMPRESSORA AO SEU POSTO *(ESTA FACILIDADE SÓ ESTÁ DISPONÍVEL DEPOIS DE TER ACTIVADO O MODO RESTAURANTE).*

1. ***CLIQUE EM <PRODUTO> OPÇÃO NA TABULAÇÃO ENCOMENDAS, E CLIQUE EM <CRIAR> BOTÃO,*** *QUE O GUIARÁ PARA A SEGUINTE JANELA*

2. *PREENCHER OS CAMPOS COM AS INFORMAÇÕES DA IMPRESSORA E **<SA VE>**.*

<u>**GESTÃO DE VENDAS**</u>

<u>**FAZER UMA ENCOMENDA**</u>

UMA VEZ QUE O UTILIZADOR FAÇA LOGIN PARA POSTAR, O TABLIER PRINCIPAL SERÁ COMO ABAIXO.

1. ***<CREA TE> UMA NOVA SESSÃO OU <RESUMIR >UMA*** *SESSÃO EXISTENTE PARA FAZER UMA ENCOMENDA*

2.   **CLIQUE NO PRODUTO PARA ADICIONAR AO CARRINHO** *(A QUANTIA SERÁ ACTUALIZADA AUTOMATICAMENTE)*

3.   **UTILIZAR <QTY> BOTÃO** *PARA INTRODUZIR O NÚMERO DE QUANTIDADES*

4.   **UTILIZAR <PREÇO> BOTÃO** *PARA INTRODUZIR O PREÇO MANUALMENTE*

5.   **UTILIZAR <DISCO> BOTÃO** *PARA PERMITIR DESCONTO*

6.   **CLIQUE EM <PA YMENT> BOTÃO** *PARA PROCEDER AO PAGAMENTO.*

7.   **ESCOLHER O MÉTODO PA YMENT A** *PARTIR DA LISTA.*

8.   **CLIQUE <VALIDAR>PARA** *GERAR FACTURA. OU VOCÊ PODE*

9.   **CLIQUE EM <CUSTOMER> PARA** *SELECCIONAR UM CLIENTE DO SEU SISTEMA*

10.   **UTILIZAR <FACTURAÇÃO> OPÇÃO** *PARA GERAR FACTURA CONTRA O CLIENTE.*

11.   **UMA VEZ QUE O BOTÃO VALIDAR** *É CLICADO, O SISTEMA GERA FACTURA.*

FAZER UMA ENCOMENDA (CONFIGURAÇÃO DO RESTAURANTE)

1.   **SELECCIONAR A MESA/PISO DA LISTA**

2.   **CLIQUE NO PRODUTO PARA ADICIONAR AO CARRINHO** *(A QUANTIA SERÁ ACTUALIZADA AUTOMATICAMENTE)*

3.   **USAR <SPLIT> OPÇÃO PARA DIVIDIR A FACTURA**

4.   **UTILIZAÇÃO <TRANSFERIR> OPÇÃO TRANSFERIR A TABELA**

5. *SE COMPLETADO*, *PROCEDER A* **<PAGAMENTO> OPÇÃO**

6. **PODE ESCOLHER <CUSTOMER> OPÇÃO** *PARA GERAR FACTURA CONTRA UM CLIENTE EXISTENTE*

7. **IMPRIMA O RECIBO E CLIQUE EM <ENVIAR ENCOMENDA>PARA** *FAZER OUTRA ENCOMENDA.*

8. **CLIQUE EM <FECHAR> BOTÃO** *PARA FECHAR A SESSÃO.*

GERAÇÃO DE RELATÓRIOS

1. **SELECCIONAR <ORDENAR> OPÇÃO EM <RELATÓRIOS>TAB** *PARA GERAR RELATÓRIO DE ORDEM.*

2. **SELECCIONAR <VENDAS> OPÇÃO NA TABULAÇÃO RELATÓRIOS** *PARA GERAR DETALHES DE VENDAS DE UM DETERMINADO PERÍODO DE TEMPO.*

CONSTRUTOR DE SÍTIOS WEBO

<u>*CONSTRUTOR DE SÍTIOS WEBO*</u>

COM A AJUDA DO CONSTRUTOR DO SITE DO ODOO PODE DESENVOLVER SITES ESPANTOSOS SEM GRANDE ESFORÇO. ESTA FUNCIONALIDADE PERMITE A QUALQUER UTILIZADOR NORMAL DESENVOLVER A SUA PRESENÇA ONLINE NA EMPRESA O WN.

O WEBSITE SERVE MÚLTIPLOS PROPÓSITOS PARA A SUA EMPRESA. POR UM LADO, PUBLICA INFORMAÇÕES SOBRE A SUA EMPRESA E, POR OUTRO LADO, PODE AGIR COMO

1. *SITE DE COMÉRCIO ELECTRÓNICO (VER E-COMMERCEMODULE),*

2. *HR PORTAL DE RECRUTAMENTO (VER MÓDULO HR), E*

3. *PORTAL DO CLIENTE (VER GESTÃO DE PROJECTOS).*

PODE EXPLORAR ESTAS CARACTERÍSTICAS A PARTIR DESSES MÓDULOS. AQUI DISCUTIREMOS AS FUNCIONALIDADES BÁSICAS DO CONSTRUTOR DO WEBSITE. SEGUEM-SE ALGUMAS CARACTERÍSTICAS DO CONSTRUTOR DO SITE DO ODOO.

1. *SISTEMA INTUITIVO*

   5. *O QUE SE VÊ É O QUE SE OBTÉM: INSERIR ESTILOS DE TEXTO COMO CABEÇALHOS, NEGRITO, ITÁLICO, LISTAS E FONTES COM UM SIMPLES EDITOR WYSIWYG. FLEXÍVEL E FÁCIL DE USAR.*

   6. *SISTEMA DE BLOCOS DE CONSTRUÇÃO: CRIE A SUA PÁGINA A PARTIR DO ZERO, ARRASTANDO E LARGANDO BLOCOS DE CONSTRUÇÃO PRÉ-FABRICADOS E TOTALMENTE PERSONALIZÁVEIS.*

   7. *GESTÃO DE FRONT-END: CLIQUE E ALTERE O CONTEÚDO DIRECTAMENTE DO FRONT END: NÃO HÁ BACK END COMPLEXO PARA TRATAR.*

8. *EDIÇÃO DE TEXTO COM PROCESSADOR DE TEXTO: CRIE E ACTUALIZE O SEU CONTEÚDO DE TEXTO ATRAVÉS DE UM EDITOR CONCEBIDO PARA REPLICAR A EXPERIÊNCIA DO PROCESSADOR DE TEXTO.*

2. AUMENTAR AS VISITAS

2. *PROMOVER FERRAMENTA: MELHORE A SUA CLASSIFICAÇÃO NOS MOTORES DE BUSCA E O SEU TRÁFEGO ORGÂNICO GRAÇAS ÀS SUGESTÕES DE PALAVRAS-CHAVE E À FERRAMENTA META TAG.*

3. CONVERT LEADS

5. *A/B TESTAR AS SUAS PÁGINAS: CORRER VÁRIAS VERSÕES DE UMA PÁGINA PARA DESCOBRIR QUAL A QUE CONDUZ MELHORES RESULTADOS. ANALISE OS RESULTADOS DIRECTAMENTE NO GOOGLE ANALYTICS.*

6. *VERSÃO MÚLTIPLA: PREPARAR MÚLTIPLAS VERSÕES DO SEU SÍTIO WEB E MUDAR DE UMA PARA OUTRA COM UM SÓ CLIQUE.*

7. *TRACKING LINK: ADICIONE UM CÓDIGO DE TRACKING ÀS SUAS URL'S E MEÇA TODAS AS SUAS CAMPANHAS DE MARKETING DESDE O PRIMEIRO CLIQUE ATÉ À VENDA FINAL.*

8. *IDENTIFICAR QUAIS AS CAMPANHAS MAIS EFICAZES PARA ATRAIR VISITANTES PARA O SEU SÍTIO WEB E GERAR RECEITAS.*

4. MELHORAR A EXPERIÊNCIA DO UTILIZADOR

5. *FERRAMENTA DE TRADUÇÃO: OBTER TRADUÇÕES STANDARD PROFISSIONAIS COM INTEGRAÇÃO DE GENGO.*

6. *PRÉ-VISUALIZAÇÃO MÓVEL: VEJA COMO SERÁ A SUA PÁGINA NUM DISPOSITIVO MÓVEL COM O BOTÃO DE PRÉ-*

VISUALIZAÇÃO MÓVEL.

7. **CHAMADA À ACÇÃO DAS REDES SOCIAIS:** *PARTILHE AS SUAS PÁGINAS ATRAVÉS DAS REDES DE REDES SOCIAIS.*

8. **CHAT AO VIVO INCORPORADO:** *FORNEÇA AOS SEUS VISITANTES INFORMAÇÕES EM TEMPO REAL DIRECTAMENTE NO SEU WEBSITE ATRAVÉS DE UMA JANELA DE CHAT POPUP.*

5. CARACTERÍSTICAS DE DESENHO

4. **MODELOS BASEADOS EM BOOTSTRAP:** *DESENHE FACILMENTE OS SEUS PRÓPRIOS MODELOS DE ODOO GRAÇAS À ESTRUTURA HTML LIMPA E AO CSS BASEADO EM BOOTSTRAP.*

5. **DISPOSIÇÃO DA GRELHA FLUIDA:** *CRIAR O MELHOR LAYOUT CORRESPONDENTE AOS DISPOSITIVOS EM QUE O WEBSITE É EXIBIDO.*

6. **TEMAS PROFISSIONAIS:** *MUDAR DE TEMA COM APENAS UM CLIQUE, E NAVEGAR ATRAVÉS DO CATÁLOGO DO ODOO DE TEMAS PRONTOS A USAR DISPONÍVEIS NA NOSSA LOJA DE APLICAÇÕES.*

<u>USUÁRIOS DO SISTEMA</u>

POR DEFEITO, *EXISTEM DOIS TIPOS DE UTILIZADORES NOS MÓDULOS RELACIONADOS COM O SÍTIO WEB.*

- **EDITOR E DESIGNER:** *TAL COMO O GESTOR DE OUTROS MÓDULOS, ELE PODE ACEDER TANTO AO FRONTEND COMO AO BACKEND DO SEU WEBSITE.*

    - **CONFIGURA O SEU WEBSITE E ALTERA AS SUAS DEFINIÇÕES** *COMO A CRIAÇÃO DE GATEWAY DE PAGAMENTO, DANDO ACESSO AO PORTAL AOS CLIENTES, ETC.*

■ *EDITOR RESTRITO:* BASICAMENTE DESIGNER DE FRONT-END *(I.E. PORTAL)*.

GERALMENTE, ELE SÓ PODE ALTERAR A VISUALIZAÇÃO DO PORTAL DO SITE.

ADICIONE A SUA PRIMEIRA PÁGINA

1. *LOGIN* COMO *ADMINISTRADOR*

2. *CLIQUE EM <NOVO>* BOTÃO NO CANTO SUPERIOR DIREITO,

3. *INTRODUZIR* O NOME DA *PÁGINA* E CLICAR EM <CONTINUAR>

4. *DAR-LHE-Á UMA PÁGINA ULTERIOR E FERRAMENTAS PARA DESENHAR* A PÁGINA APENAS *ARRASTAR E LARGAR* O CONTEÚDO

5. *CLIQUE* EM QUALQUER ELEMENTO PARA PERSONALIZÁ-LO

6. *UTILIZAR AS DIFERENTES FERRAMENTAS DE DESENHO* PARA TORNAR O SEU SÍTIO WEB MAIS ATRACTIVO

7. *NÃO SE ESQUEÇA DE TER O DESENHO ACTUAL* UMA VEZ TERMINADO

8. *PARA OBTER UMA VISTA MÓVEL DO SÍTIO WEB, PODE CLICAR NO* BOTÃO DE PRÉ-VISUALIZAÇÃO MÓVEL QUE SE ENCONTRA NO LADO SUPERIOR ESQUERDO DA BARRA DE MENU.

9. *UMA VEZ GUARDADA A PÁGINA,* A PÁGINA SERÁ EXIBIDA NO 'MENU
BAR

PERSONALIZAR O MENU E A APARÊNCIA

PERSONALIZAÇÃO DE MENUS E PÁGINAS

PODE ALTERAR O ASPECTO DO SEU SÍTIO WEB, INCLUINDO O

MENU,
E VISÃO DO PRODUTO FACILMENTE. PARA PERSONALIZAR O MENU SEGUIR

1. **WEBSITE > CONTEÚDO > MENU EDITAR**

2. **ESTA JANELA IRÁ AJUDÁ-LO A CRIAR NOVAS OPÇÕES DE MENU,**
   CRIAR SUBMENU E ELIMINAR OPÇÕES DE MENU.

PERSONALIZAÇÃO DA APARÊNCIA

PARA ALTERAR O ASPECTO DO SÍTIO WEB COMO A FORMA COMO OS SEUS PRODUTOS SÃO LISTADOS, ETC. *SEGUIR:*

1. **WEBSITE > PERSONALIZAR**

2. **ESCOLHA ENTRE MUITAS DAS OPÇÕES ÚTEIS DISPONÍVEIS**
   PARA TORNAR O SEU WEBSITE MAIS FÁCIL DE UTILIZAR

LISTE OS SEUS PRODUTOS NO LOCAL

1. **WEBSITE > NOVO > NOVO PRODUTO**

2. **PREENCHER O NOME, A IMAGEM E O CUSTO E CLICAR EM** <SA VE>

INTEGRAÇÃO SEO

AS FERRAMENTAS SEO COMBINAM-SE COM O GOOGLE *PARA VERIFICAR A RELEVÂNCIA DO SEU CONTEÚDO EM TEMPO REAL.*

RECEBER MAIS VISITANTES COM UM CONTEÚDO MAIS BEM DIRECCIONADO. *O ADMINISTRADOR PODE ACEDER A ESTA FACILIDADE A PARTIR DE*

1. **WEBSITE ADMIN > DEFINIÇÕES**

AQUI PODE VER AS OPÇÕES PARA ACOMPANHAR E GERIR O DESEMPENHO DE
O SEU WEBSITE. E PODE ACEDER A ALGUMAS OUTRAS DEFINIÇÕES A PARTIR DE

2. ***WEBSITE > PROMOVER > OPTIMIZAR O SEO***

MÓDULO DE COMÉRCIO ELECTRÓNICOO

<u>*E-COMMERCE*</u>

ESTA CARACTERÍSTICA TORNA O ODOO MAIS PODEROSO DO QUE QUALQUER OUTRO CONCORRENTE. *A APLICAÇÃOO E COMMERCE AJUDA-O A VENDER OS SEUS PRODUTOS ONLINE. PODE CONCEBER O SEU PRÓPRIO SITE COM PASSOS SIMPLES.*

- ***ADICIONAR PRODUTOS, CONFIGURAR MÉTODOS DE PAGAMENTO E ENTREGA*** *E DEIXAR QUE O PÚBLICO ACEDA AO SEU SITE, TUDO EM PASSOS SIMPLES.*

UMA VEZ QUE ESTÁ INTEGRADO COM OUTROS MÓDULOS COMO CRM, VENDAS, E INVENTÁRIO DE ODOO *PODE FORNECER E PLATAFORMA EFICAZ PARA O SEU NEGÓCIO.*

- *SÓ TEM DE INSTALAR A **APLICAÇÃO DE COMÉRCIO ELECTRÓNICO DA LOJA DE APLICAÇÕES ODOO.***

PARA MELHORAR AINDA MAIS AS CAPACIDADES DO SISTEMA, PODE INSTALAR A ENTREGA DE COMÉRCIO ELECTRÓNICO, *E PRODUTOS OPCIONAIS DE COMÉRCIO ELECTRÓNICO.*

O MÓDULO DE COMÉRCIO ELECTRÓNICOO APRESENTA CARACTERÍSTICAS COMPETITIVAS QUANDO COMPARADO COM OS *FORNECEDORES DE SERVIÇOS **CMS** COMO O **MAGENTO** E O **SHOPIFY.***

- *O MAIS PROMISSOR É O FACTO DE QUE OS **COMPLEMENTOS DE FEA TMANY EM OUTROS PRESTADORES DE SERVIÇOS CMS SÃO CONSTRUÍDOS EM COMPONENTES EM ODOO.***

OO GOZA DA VANTAGEM DE CARACTERÍSTICAS COMO:

1. ***CONSTRUTOR DE PÁGINAS EM LINHA DO PRODUTO,***
2. ***CONSTRUTOR DE PÁGINAS DE ARRASTAR E LARGAR,***
3. ***COMPRAR SEM SE INSCREVER,***
4. ***SUGESTÃO SEO INLINE,***
5. ***LOCALIZADOR DE LIGAÇÃO, ETC. SOBRE O MAGENTO.***

E SOBRE O SHOPIFY, O ODOO TEM A VANTAGEM DE OPÇÕES COMO:

1. *STOCK DISPONÍVEL,*
2. *CONSTRUTOR DE PÁGINAS DE ARRASTAR E LARGAR,*
3. *TESTES A/B INTEGRADOS,*
4. *SUGESTÃO SEO INLINE,*
5. *APOIO A VÁRIAS LOJAS,*
6. *IMPOSTOS AVANÇADOS, ETC.*

ALGUMAS DAS CARACTERÍSTICAS ÚTEIS DO ODOO ESTÃO ABAIXO.

1. *DESENHO & CONFIGURAÇÃO*

7. ***EDIÇÃO EM LINHA:*** *CRIAR PÁGINAS DE PRODUTOS UTILIZANDO A ABORDAGEM ÚNICA DO ODOO 'EDITAR EM LINHA'. NÃO É NECESSÁRIO CÓDIGO, O QUE SE VÊ É REALMENTE O QUE SE OBTÉM.*

8. ***SISTEMA DE BLOCOS DE CONSTRUÇÃO:*** *CRIE A SUA PÁGINA DE PRODUTO DO ZERO, ARRASTANDO E LARGANDO BLOCOS DE CONSTRUÇÃO PRÉ-FABRICADOS E TOTALMENTE PERSONALIZÁVEIS. DESCREVA OS PRODUTOS NUMA TABELA PARA DAR O MÁXIMO DE ESPECIFICAÇÕES.*

9. ***VENDER PRODUTOS DIGITAIS:*** *PODE AGORA ADICIONAR PRODUTOS DIGITAIS COMO LIVROS ELECTRÓNICOS AO SEU CATÁLOGO ONLINE.*

10. ***EDIÇÃO DE TEXTO COM PROCESSADOR DE TEXTO:*** *CRIE E ACTUALIZE FACILMENTE O SEU CONTEÚDO DE TEXTO ATRAVÉS DE UM EDITOR CONCEBIDO PARA REPLICAR A EXPERIÊNCIA DO PROCESSADOR DE TEXTO.*

11. ***CRIAÇÃO DE VARIANTES DO PRODUTO:*** *CRIAR UM PRODUTO DISPONÍVEL EM VÁRIAS VARIANTES, COMO TAMANHO, CORES OU OUTROS ATRIBUTOS.*

12. ***LISTAS DE PREÇOS, PRODUTOS E LOJAS:*** *CRIAR LISTAS DE PREÇOS FLEXÍVEIS, ADICIONAR VARIANTES PARA ADICIONAR ÀS OPÇÕES DE PRODUTOS, E CRIAR VÁRIAS LOJAS SOB UM ÚNICO*

AMBIENTE. EXIBIR O STOCK DISPONÍVEL EM PRODUTOS.

2. FERRAMENTAS INTEGRADAS

4. **CROSS-SELLING E UPSELLING:** *SUGERIR PRODUTOS OPCIONAIS RELACIONADOS COM ARTIGOS PARA AUMENTAR AS SUAS RECEITAS.*

5. **CÓDIGOS PROMOCIONAIS OU CUPÕES:** *ENCORAJAR POTENCIAIS CLIENTES A UTILIZAR CÓDIGOS E CUPÕES PROMOCIONAIS.*

6. **OPÇÕES PARA IMPULSIONAR AS VENDAS:** *DEFINIR CATEGORIAS DE PRODUTOS, UTILIZAR PESQUISA DE ATRIBUTOS, CONCENTRAR-SE EM PROMOÇÕES, CUPÕES OU CERTIFICADOS DE OFERTA E EMPURRAR OS MELHORES PRODUTOS PARA O TOPO DA SUA PÁGINA, A FIM DE MULTIPLICAR AS SUAS VENDAS.*

3. EXPERIÊNCIA DE COMPRA

9. **SISTEMA DE PESQUISA FÁCIL:** *FACILITAR A PROCURA DE PRODUTOS, DEFININDO ATRIBUTOS NOS PRODUTOS (TAMANHO, COR, REMADOR, ETC.).*

10. **CLIENTE A BORDO:** *INSTRUÇÕES DE CONFIGURAÇÃO PASSO A PASSO PARA AJUDAR OS CLIENTES A IR PARA A CAIXA SEM PROBLEMAS DE BLOQUEIO.*

11. **CONVIDADO & UTILIZADOR REGISTADO:** *OS CLIENTES PODEM OPTAR POR CRIAR UM PERFIL DE UTILIZADOR OU COMO CONVIDADOS. OS UTILIZADORES REGISTADOS PODEM RECUPERAR AS SUAS INFORMAÇÕES DE CONTACTO APÓS O CHECK OUT E ACEDER A UM PORTAL QUE INCLUI MENSAGENS RELACIONADAS, ENCOMENDAS, FACTURAS, RECLAMAÇÕES REGISTADAS, ETC.*

12. **SALTAR O ENDEREÇO DE ENVIO:** *NÃO É MAIS NECESSÁRIO O ENDEREÇO DE ENVIO AO FORNECER APENAS SERVIÇOS.*

13. ***CHAT AO VIVO INCORPORADO:*** *FORNEÇA AOS SEUS VISITANTES INFORMAÇÕES EM TEMPO REAL DIRECTAMENTE NO SEU WEBSITE, E GARANTA AS SUAS VENDAS.*

14. ***PROCESSO DE CHECKOUT FÁCIL:*** *CAIXA SIMPLES PARA EVITAR A PERDA DE CLIENTES.*

15. ***PORTAL DO CLIENTE:*** *RASTREIO DE ACESSO ÀS ENCOMENDAS, REGRAS AVANÇADAS DE EXPEDIÇÃO E GESTÃO DE DEVOLUÇÕES ATRAVÉS DO PORTAL DO CLIENTE.*

16. ***REVISÃO DE ENCOMENDA:*** *VER DETALHES DA SUA ENCOMENDA NO FINAL DO PROCESSO.*

4. *FORMAS DE PAGAMENTO*

2. ***TOTALMENTE INTEGRADO:*** *PERMITIR AOS CLIENTES PAGAR COM PAYPAL, OGONE, ADYEN, BUCKAROO, AUTHORIZE.NET E SIPS LINHA DE TRABALHO.*

   - ***OS MÉTODOS DE PAGAMENTO EM LINHA*** *REDIRECCIONAM OS CLIENTES PARA UMA "PÁGINA DE AGRADECIMENTO NO SEU SÍTIO WEB.*

5. *FACTURAÇÃO E CONTABILIDADE*

5. ***CALCULAR E FACTURAR OS CUSTOS DE TRANSPORTE:*** *OBTER OS CUSTOS DE ENTREGA CALCULADOS AUTOMATICAMENTE UTILIZANDO O CONFIGURADOR DE MÉTODO DE ENTREGA ODOO'SEMBED.*

6. ***PACOTE DE CONTABILIDADE INTEGRADA:*** *O PLANO DE CONTAS DEO CONTÉM IMPOSTOS NACIONAIS, POSIÇÕES FISCAIS, CONTAS.*

7. ***TAXAS FISCAIS:*** *AS POSIÇÕES FISCAIS PERMITEM-LHE ADAPTAR AS TAXAS DE IMPOSTO AO PARADEIRO DOS SEUS CLIENTES.*

8. ***PLANO DE CONTAS:*** *UTILIZE O MODELO DE PACOTE PERSONALIZADO PARA CONSTRUIR O SEU PRÓPRIO PLANO DE CONTAS. INCORPORA UM CONJUNTO DE CONTAS PRÉ-DEFINIDAS GENÉRICAS, IMPOSTOS E MUITO MAIS.*

6. RELATÓRIO

2. ***ANÁLISE DE DADOS DE VENDAS:*** *DESTACAR O MELHOR PRODUTO EM TERMOS DE QUANTIDADE VENDIDA. ENCONTRAR O MELHOR CLIENTE EM TERMOS DE RECEITAS.*

   - ***DISPLA Y UM GRÁFICO COM AS SUAS VENDAS MENSAIS POR PRODUTO*** *E ADICIONE-O AO SEU PAINEL DE INSTRUMENTOS. AGRUPE AS SUAS VENDAS POR PARCEIRO E EXIBA OS PRODUTOS NO CABEÇALHO DA COLUNA.*

<u>USUÁRIOS DO SISTEMA</u>

POR DEFEITO, EXISTEM DOIS TIPOS DE UTILIZADORES NOS MÓDULOS RELACIONADOS COM O WEBSITE.

1. ***EDITOR E DESIGNER:*** *TAL COMO O GESTOR DE OUTROS MÓDULOS, PODE ACEDER TANTO À PARTE DA FRENTE COMO À PARTE DE TRÁS DO SEU WEBSITE. ELE CONFIGURA O SEU SÍTIO WEB E ALTERA AS SUAS DEFINIÇÕES*

2. ***EDITOR RESTRITO:*** *BASICAMENTE DESIGNER DE FRONT-END (I.E. PORTAL). GERALMENTE ELE PODE ALTERAR APENAS A VISUALIZAÇÃO DO PORTAL DO SITE E DOS PRODUTOS COM ALGUMA RESTRIÇÃO, ETC.*

<u>GESTÃO DE PRODUTOS</u>

<u>ADICIONAR NOVO PRODUTO</u>

1. ***WEBSITE ADMIN > PRODUTOS > CRIAR***

2. *PREENCHER TODOS OS CAMPOS NECESSÁRIOS MUDANDO PARA*

'INVENTÁRIO', 'VENDAS', 'VARIANTES', 'FACTURAÇÃO',
SEPARADORES E

3. *<SA **VE**> O PRODUTO. SERÁ ADICIONADO AO SEU SÍTIO WEB*

EDITAR DETALHES DO PRODUTO

PODE ACTUALIZAR/EDITAR OS DETALHES DE UM PRODUTO, BASTA CLICAR NA IMAGEM DO PRODUTO A PARTIR DE

1. **WEBSITE ADMIN > PRODUTOS**

2. **CLIQUE EM <EDIT> BOTÃO** *PARA EDITAR INFORMAÇÕES DO PRODUTO*

3. **<ACTUALIZAR QUANTIDADE EM MÃOS>**A *ACTUALIZAR QUANTIDADE MANUALMENTE*

ADICIONAR NOVA CATEGORIA DE PRODUTO

PARA ADICIONAR UMA NOVA CATEGORIA DE PRODUTOS VÁ PARA:

1. **WEBSITE ADMIN > CONFIGURAÇÃO > CATEGORIA DE PRODUTO DO WEBSITE > CRIAR**

2. **ESCOLHER** *A CATEGORIA PRINCIPAL (SE APLICÁVEL) E GUARDAR*

3. **EDITAR CATEGORIA DE PRODUTO**

ELIMINAR OU EDITAR UMA CATEGORIA DE PRODUTO

1. **WEBSITE ADMIN > CONFIGURAÇÃO > CATEGORIA DE PRODUTO DO WEBSITE**

2. *CLIQUE EM QUALQUER UMA DAS CATEGORIAS LISTADAS PARA A ACTUALIZAR OU APAGAR*

<u>ENCOMENDA DE ENCOMENDAS</u>

<u>VER A ORDEM</u>

1. *PARA VER AS ENCOMENDAS RECEBIDAS NO SEU SÍTIO WEB*

2. **WEBSITE ADMIN > ENCOMENDAS > ENCOMENDA**

NOTA: EXISTE A *OPÇÃO DE CRIAR ENCOMENDA MANUALMENTE, SE NECESSÁRIO.*

<u>VER ENCOMENDA NÃO PAGA</u>

1. **WEBSITE ADMIN > ENCOMENDAS > ENCOMENDA NÃO PAGA**

<u>DEFINIÇÕES DO SÍTIO WEB</u>

SE NAVEGARMOS PARA O WEBSITE ADMIN >CONFIGURA TION > SETTINGS, *ENTÃO PODEMOS VER MAIS OPÇÕES QUE PODEMOS ACTIVAR NO NOSSO WEBSITE, AGORA DEIXE-NOS VER.*

<u>VISÃO DO UTILIZADOR DE UM PRODUTO COM MÚLTIPLAS IMAGENS</u>

COMO FORMAS DE O ADMINISTRADOR ALTERAR AS DEFINIÇÕES *PARA MELHORAR A EXPERIÊNCIA DO UTILIZADOR A PARTIR DO PAINEL ACIMA*

<u>CRIAR ENTREGAR Y OPÇÕES</u>

1. **INVENTÁRIO > CONFIGURAÇÃO > ENTREGA > MÉTODOS DE ENTREGA.**

(PARA VISUALIZAR ESTA OPÇÃO É NECESSÁRIO ACTIVAR OS MÉTODOS DE ENTREGA SÃO SELECCIONÁVEIS NA OPÇÃO DO SÍTIO WEB A PARTIR DAS DEFINIÇÕES)

2. ***PREÇO FIXO E COM BASE NAS REGRAS DUAS OPÇÕES**
   DISPONÍVEIS PARA ESTABELECER A OPÇÃO DE PAGAMENTO.*

3. ***UTILIZANDO A OPÇÃO BASEADA EM REGRAS,** PODE
   PERSONALIZAR O MÉTODO DE ENTREGA.*

***NOTA: O** MAIS IMPORTANTE É QUE DEVE CLICAR NO BOTÃO
'PUBLICADO NO WEBSITE' ANTES DE ABANDONAR O ASSISTENTE PARA
TORNAR A NOVA OPÇÃO DE ENTREGA DISPONÍVEL AOS UTILIZADORES*

CONFIGURAR OS MÉTODOS DE PAGAMENTO

1. ***WEBSITE ADMIN > CONFIGURAÇÃO > COMÉRCIO
   ELECTRÓNICO-> PAGAMENTO ADQUIRE***

*PODEMOS INSTALAR OS MÉTODOS DE PAGAMENTO NECESSÁRIOS A
PARTIR DAQUI:*

2. ***CLIQUE <CONFIGURAR>***

3. ***UMA VEZ CONFIGURADAS AS DEFINIÇÕES,** PUBLICAR O
   MESMO NO SÍTIO WEB PARA O TORNAR DISPONÍVEL AOS
   UTILIZADORES*

CAPÍTULO 5: GESTÃO DE **PROJECTOS** MÓDULO

<u>GESTÃO DE PROJECTOS</u>

A GESTÃO DE PROJECTOS É UM CONJUNTO DE PROCESSOS ORIENTADORES PARA ATINGIR UM OBJECTIVO ESPECÍFICO. *QUE PODEM INCLUIR INICIAÇÃO, PLANEAMENTO, ATRIBUIÇÃO, CONTROLO, ANÁLISE E ENCERRAMENTO.*

O APLICATIVO DE GESTÃO DE PROJECTOS É UMA DAS FERRAMENTAS PODEROSAS DO ODOO. *ONDE PODEMOS EXECUTAR QUALQUER TIPO DE PROJECTOS COM FLUXO DE TRABALHO DEFINIDO PELO UTILIZADOR. PARA PERMITIR FUNCIONALIDADES DE GESTÃO DE PROJECTOS NO ODOO, É NECESSÁRIO PRIMEIRO INSTALAR A* ***APLICAÇÃO DE PROJECTO ODOO. COM O MÓDULO DE GESTÃO DE PROJECTOS DO ODOO:***

1. ***PODE DEFINIR O SEU PROJECTO,***
2. ***ADICIONAR TAREFAS NELE,***
3. ***ATRIBUIR TAREFAS AOS EMPREGADOS,***
4. ***GERIR A FOLHA DE TEMPOS DOS EMPREGADOS E***
5. ***ACOMPANHAR EFICAZMENTE OS PROBLEMAS ASSOCIADOS AO PROJECTO.***

O MÓDULO TAMBÉM FORNECE UMA OPÇÃO PARA PERMITIR A VISUALIZAÇÃO DO PORTAL, *ATRAVÉS DA QUAL O SEU CLIENTE PODE ACOMPANHAR O PROGRESSO DO PROJECTO. TAL COMO EM TODOS OS OUTROS MÓDULOS, OS RELATÓRIOS GERADOS PELO MOTOR BI DÃO UMA VISÃO DE TODOS OS SEUS PROJECTOS. ALGUMAS DAS CARACTERÍSTICAS DO MÓDULO DE GESTÃO DE PROJECTOS DO ODOO SÃO:*

1. ***LIMPO E RÁPIDO***

   5. ***INTERFACE DE UTILIZADOR MODERNA:*** *UMA INTERFACE DE UTILIZADOR RÁPIDA CONCEBIDA PARA A GESTÃO DE PROJECTOS MODERNOS. OBTENHA TODA A INFORMAÇÃO DE QUE NECESSITA ONDE A NECESSITA.*

   6. ***MOBILE:*** *AMIGO DO TELEMÓVEL. RASTREAR PROJECTOS E TAREFAS FACILMENTE EM MOVIMENTO. PERMANECER LIGADO, SEMPRE.*

7. ***FILTROS E GRUPOS:*** *TAREFAS DE PESQUISA OU PROBLEMAS FACILMENTE COM OS FILTROS INTELIGENTES. ANALISAR DADOS COM AGRUPAMENTO DE VÁRIOS NÍVEIS.*

8. ***TOTALMENTE PERSONALIZÁVEL:*** *PERSONALIZAR O PROCESSO DE CADA PROJECTO, RENOMEAR ETAPAS E ALERTAS DE ACORDO COM AS SUAS PRÓPRIAS ACTIVIDADES, AUTOMATIZAR E-MAILS, ETC.*

2. ***TASKS***

1 ***0. VISÃO KANBAN PERSONALIZADA:*** *TAREFAS DE ARRASTAR E LARGAR FACILMENTE COM A VISTA 'KANBAN'. TAREFAS DE GRUPO POR* ***ETAPAS, RESPONSÁVEL, PRAZO,*** *E TC.* ***MUDAR O NOME DA "TAREFA/QUESTÕES".***

    5. ALTERAR O SIGNIFICADO DO STA TUS VERDE/VERMELHO.
    6. CRIA TE FASES ESPECÍFICAS POR PROJECTO.

    7. DEFINIR O PROCESSO ATRAVÉS DE PONTAS DE FERRAMENTAS PERSONALIZADAS *PARA CADA ETAPA.*
    8. CRIAR TAREFAS A PARTIR DE ORDENS DE VENDA.

11. ***CALENDÁRIO DE PRAZOS:*** *UTILIZAR A VISUALIZAÇÃO DO CALENDÁRIO DE TAREFAS PARA REALÇAR OS PRAZOS DOS PROJECTOS. BASTA ARRASTAR E LARGAR TAREFAS NO CALENDÁRIO PARA REPROGRAMAR.*

12. ***MULTI-PROJECTOS:*** *TRABALHAR EM PROJECTOS ÚNICOS OU MÚLTIPLOS AO MESMO TEMPO. REALIZAR ANÁLISES E PESQUISAS MULTI-PROJECTO.*

13. ***GESTÃO DE DOCUMENTOS:*** *GESTÃO DE DOCUMENTOS RELACIONADOS COM TAREFAS, QUESTÕES OU PROJECTOS. (ESPECIFICAÇÕES, PLANOS, ETC.)*

14. ***GRÁFICO DE GANTT:*** *GERIR TAREFAS NUMA LINHA*

TEMPORAL COM A VISTA DO GRÁFICO DE GANTT. A FORMA MAIS FÁCIL DE ACOMPANHAR OS PRAZOS E O PROGRESSO DA LINHA DO TEMPO.

15. **GRÁFICOS:** *OBTENHA GRÁFICOS PARA ANALISAR O PROGRESSO DAS SUAS TAREFAS: POR FASE, POR RESPONSÁVEL, POR ETIQUETA, POR PROJECTO, ETC.*

16. **ANÁLISE DA TABELA PIVOT:** *UTILIZE A TABELA PIVOT EM TAREFAS PARA EFECTUAR UMA ANÁLISE ESTATÍSTICA PROFUNDA SOBRE O DESEMPENHO DOS SEUS PROJECTOS.*

17. **SEGUIMENTO DO TEMPO:** *SEGUIMENTO DAS HORAS ESPERADAS, HORAS EFECTIVAS, E PREVISÕES DE NOVAS TAREFAS.*

18. **TAREFAS DE ARQUIVO:** *TAREFAS DE ARQUIVO FEITAS E TER UMA VISÃO CLARA DAS OUTRAS TAREFAS EM QUE AINDA PRECISA DE TRABALHAR.*

3. **ISSUES**

5. **BILHETES DE CLIENTE:** *UTILIZAR PROBLEMAS PARA LOCALIZAR CONTRATOS DE APOIO, BILHETES, RELATÓRIOS DE BUGS.*

6. **INTEGRAÇÃO DE CORREIO ELECTRÓNICO:** *COMUNICAR COM OS SEUS CLIENTES POR CORREIO ELECTRÓNICO. TUDO É AUTOMATICAMENTE ANEXADO À QUESTÃO PARA OBTER UMA VISIBILIDADE TOTAL.*

7. **NÍVEL DE SERVIÇO:** *LIGAR A INFORMAÇÃO RELACIONADA COM O SLA A QUESTÕES: TEMPO PARA ABRIR UM BILHETE, TEMPO PARA FECHAR UM BILHETE, ESTATÍSTICAS SOBRE OS VOLUMES E DESEMPENHOS, ETC.*

8. **AUTOMATIZAR AS ACÇÕES:** *UTILIZAÇÃO DE GATILHOS E ACÇÕES AUTOMATIZADAS PARA ENVIAR EMAILS*

AUTOMÁTICOS SOBRE DIFERENTES ESTADOS: CONFIRMAÇÃO DO BILHETE, INQUÉRITO DE SATISFAÇÃO DO CLIENTE, ETC.

4. SERVIÇOS AO CLIENTE

11. **TEMPOS:** *ACOMPANHAR O TEMPO EM PROJECTOS E TAREFAS UTILIZANDO A APLICAÇÃO DA FOLHA DE TEMPOS. DISPONÍVEL COMO UM PLUGIN CROMADO OU UMA APLICAÇÃO MÓVEL.*

12. **SA TISFACÇÃO DO CLIENTE:** *UTILIZE O INQUÉRITO DE ÍNDICE DE SATISFAÇÃO DO CLIENTE PARA OBTER FEEDBACK DOS CLIENTES SEMPRE QUE ENCERRAR UM PROBLEMA.*

    - **CONFIGURAR O E-MAIL AUTOMÁTICO ENVIADO AOS CLIENTES** *APÓS CADA MARCO E RECEBER DIRECTAMENTE O SEU FEEDBACK. ANALISAR A CLASSIFICAÇÃO GLOBAL POR PROJECTO PARA MELHORAR O SEU PROCESSO.*

13. **PROJECTOS:** *PREVÊ PROJECTOS E RECURSOS FACILMENTE A PARTIR DO GRÁFICO DO GANTT TENDO EM CONTA AS FÉRIAS DOS EMPREGADOS. COMPARAR PREVISÕES COM FOLHAS DE TEMPOS REAIS.*

14. **FRONT-END DO PORTAL:** *OS CLIENTES TÊM ACESSO AOS SEUS BILHETES A PARTIR DO PORTAL.*

15. **MULTI-PURPOSE**

16. **PROJECTOS INTERNOS:** *ACOMPANHAR OS PROJECTOS INTERNOS COM TAREFAS E GERIR EFICAZMENTE AS EQUIPAS, ESTABELECENDO PRIORIDADES CLARAS.*

17. **SERVIÇOS PÓS-VENDA:** *GERIR SEM ESFORÇO OS PEDIDOS DE SERVIÇOS PÓS-VENDA E CONFIGURAR UM PROCESSO PERSONALIZADO NA VISÃO KANBAN.*

18. ***CONTRATOS DE APOIO:*** *CRIAR AUTOMATICAMENTE PROBLEMAS POR E-MAIL, ACOMPANHAR OS SERVIÇOS DE APOIO E CONTAR HORAS NOS CONTRATOS.*

19. ***PROJECTOS DE CLIENTES:*** *PREVER RECURSOS DO PROJECTO, RASTREAR TAREFAS E MARCOS, REGISTAR A FOLHA DE TEMPOS E ANALISAR O DESEMPENHO DA EQUIPA.*

20. ***USUÁRIOS DO SISTEMA:*** *HÁ DOIS TIPOS DE UTILIZADORES NA GESTÃO DE PROJECTOS*

  • ***GESTOR DE PROJECTOS:*** *QUEM PODE CRIAR E GERIR PROJECTOS.*

  • ***UTILIZADOR DO PROJECTO:*** *QUEM PODE ACEDER ÀS TAREFAS QUE LHE FORAM ATRIBUÍDAS*

GESTÃO BÁSICA

CRIAR PROJECTO

1. *OU PODE USAR O BOTÃO CRIAR NO PAINEL DE INSTRUMENTOS OU*

2. ***PROJECTO->CONFIGURAÇÃO -> PROJECTOS -> CREA TE***

3. *TAREFA COMO CAMPO PERMITIR-LHE-Á DAR UM NOME PERSONALIZADO PARA AS TAREFAS DO SEU PROJECTO*

4. *DEFINIR O GESTOR DE PROJECTOS, E OUTRAS DEFINIÇÕES DE PRIVACIDADE PARA OS SEUS PROJECTOS.*

5. *GUARDAR E MARCAR ACTIVO PARA TORNAR O PROJECTO DISPONÍVEL*

6. *"AGORA PODE VER QUE O PROJECTO ESTÁ LISTADO NO SEU PAINEL DE INSTRUMENTOS".*

NOTA: PODE ACTUALIZAR/APAGAR QUALQUER PROJECTO A PARTIR DO MESMO MENU, OU SEJA, **PROJECTO >CONFIGURAÇÃO > PROJECTOS**

CRIAR TAREFA

AO CRIAR UM PROJECTO, ACABOU DE CRIAR O MODELO. *AGORA É O MOMENTO DE CRIAR TAREFAS NO SEU PROJECTO. PODE CRIAR UMA TAREFA POR DOIS MÉTODOS.*

MÉTODO 1:

1. **PROJECTO > PAINEL DE BORDO**

2. **CLIQUE NO PROJECTO QUE DESEJA ADICIONAR TAREFA.**

LISTADAS SÃO AS DIFERENTES FASES DE UM PROJECTO.

1. *PODE ADICIONAR UMA TAREFA EM QUALQUER FASE,* **BASTANDO CLICAR NO BOTÃO '+'.**

2. *PARA VER A OPÇÃO UPDATE/DELETE CLIQUE NA TAREFA*

MÉTODO 2:

1. **PROJECTO > TAREFA > CRIAR**

2. **ESCOLHA O PROJECTO**

3. **ATRIBUIR A TAREFA AO UTILIZADOR**

4. *UMA VEZ ESCOLHIDO O PROJECTO, PODE ADICIONAR FOLHA DE TEMPOS PARA ESTA TAREFA*

5. **MARK<ACTIVE>AND <SAVE>**

NOTA: - PODE **ACTUALIZAR / APAGAR** *QUALQUER INFORMAÇÃO DE TAREFA DO MESMO MENUI.E.* **PROJECTO > TAREFA >**

DEFINIR O GESTO DO PROJECTO

PODE DEFINIR DIFERENTES FASES PARA O SEU PROJECTO. *PARA PERSONALIZAR AS ETAPAS*

1. **CONFIGURAÇÃO-> ETAPAS -> CRIAR**

2. **PREENCHER OS CAMPOS E GUARDAR**

NOTA: *PODE* **ACTUALIZAR/APAGAR** *QUALQUER FASE A PARTIR DO MESMO MENU, OU SEJA,* **CONFIGURAÇÃO > FASES**

GESTÃO DA FOLHA DE TEMPOS

A **GESTÃO DA FOLHA DE TEMPOS** *É UM ASPECTO* **MUITO IMPORTANTE** *NA GESTÃO DE PROJECTOS.*

APÓS O GESTOR DE PROJECTO CRIAR UM PROJECTO E ATRIBUIR A SUA TAREFA *A DIFERENTES UTILIZADORES, TODOS ESSES UTILIZADORES PODEM ACEDER À FOLHA DE TEMPOS DO PROJECTO E ADICIONAR A SUA CONTRIBUIÇÃO.*

A MESMA OPERAÇÃO PODE SER FEITA ATRAVÉS DO *MÓDULO DE* **GESTÃO DA FOLHA DE TEMPOS DO ODOO**.

PARA ACTIVAR ESTA FUNCIONALIDADE, DEVE INSTALAR A FOLHA DE TEMPOS *DO* **ODOO**. *PARA ADICIONAR UMA FOLHA DE TEMPOS:*

1. **SELECCIONAR O PROJECTO A** *PARTIR DO PAINEL DE INSTRUMENTOS*

2. **SELECCIONAR A TAREFA QUE** *DESEJA ADICIONAR UMA FOLHA DE TEMPOS*

3. **EM DETALHES DA TAREFA**, *NO MENU DA FOLHA DE TEMPOS CLIQUE EM ADICIONAR UM ITEM*

4. *DEPOIS DE PASSAR A* TAREFA DE **SALVAR AS ENTRADAS**

NOTA: ESTA ENTRADA SERÁ AUTOMATICAMENTE ACTUALIZADA PARA A FOLHA DE TEMPOS PESSOAL DO EMPREGADO, QUE ELE PODE VER NA **FOLHA DE TEMPOS -> A MINHA FOLHA DE TEMPOS**

NOTA: "SEMPRE QUE UM UTILIZADOR PASSA UMA ENTRADA NA FOLHA DE TEMPOS, O TEMPO TOTAL ATRIBUÍDO A ESSA TAREFA REDUZ-SE AUTOMATICAMENTE".

ESTRATÉGIA DE ESSUCIOS

NA GESTÃO DE PROJECTOS, OS PROBLEMAS E O SEU SEGUIMENTO É UMA COISA MUITO IMPORTANTE. *PODEMOS ACTIVAR ESTA FUNCIONALIDADE NO ODOO INSTALANDO O "RASTREIO DE PROBLEMAS" A PARTIR DE APLICAÇÕES.*

ESTE MÓDULO DE SEGUIMENTO DE QUESTÕES GERE PROBLEMAS QUE PODEMOS ENFRENTAR NUM PROJECTO COMO BUGS *E ERROS NUM SISTEMA, RECLAMAÇÕES DE CLIENTES OU QUEBRAS DE MATERIAL.*

- **PARA QUE O GESTOR DO PROJECTO POSSA DESTACAR QUALQUER PESSOA PARA TRABALHAR SOBRE OS PROBLEMAS RELATADOS.** *OS PROBLEMAS DEVEM TER ALGUM FLUXO DE TRABALHO.*

TOMARÁ AUTOMATICAMENTE O FLUXO DE TRABALHO DO PROJECTO *SE MENCIONARMOS QUALQUER PROJECTO EM FORMA DE EMISSÃO. PODEMOS PERCORRER OS SEUS CAMPOS.*

CRIAR UM PROBLEMA

1. *PROJECTO > PROCURA > QUESTÃO > CREA TE*

2. *PODE ATRIBUIR O PROBLEMA A UM EMPREGADO PARA RESOLVER*

3. *PODE TAMBÉM ESTABELECER PRIORIDADE*

4. *PREENCHER OS CAMPOS E GUARDAR*

NOTA: - É POSSÍVEL ACOMPANHAR E ACTUALIZAR O PROGRESSO DE UM PROBLEMA A PARTIR DO MESMO MENU, OU SEJA
PROJECTO -> PROCURA -> EDIÇÃO

RELATÓRIO

DIFERENTES TIPOS DE RELATÓRIOS RELACIONADOS COM UM PROJECTO, BEM *COMO PROBLEMAS, ESTÃO DISPONÍVEIS NO SEPARADOR DE RELATÓRIOS.*

- **■ PORTAL DO CLIENTE DO PROJECTO:** *O CLIENTE PODE ANALISAR AS SUAS TAREFAS RELACIONADAS COM O PROJECTO, FOLHAS DE TEMPOS, PROBLEMAS E O SEU ESTADO ATRAVÉS DO PORTAL DO CLIENTE NO SEU WEBSITE.*

    - *PARA ISSO, TEMOS DE DEFINIR A* **PRIVACIDADE DO PROJECTO** *COMO* **"VISÍVEL SEGUINDO OS CLIENTES"** *NAS DEFINIÇÕES DO PROJECTO.*

    - *TEMOS DE INSTALAR* **"PROJECTO DE SÍTIO WEB"** *E* **"FOLHA DE TEMPOS NO PORTAL DO SÍTIO WEB"** *APLICAÇÕES DO ODOO PARA TER ACESSO A ESTAS FEA TURES.*

AO DAR AO SEU CLIENTE ACESSO AO PORTAL, *ELE PODE VER O PROGRESSO DO SEU PROJECTO, BEM COMO PODE INTERAGIR COM A SUA ORGANIZAÇÃO.*

- **■ GESTÃO DO ACESSO AO PORTAL:** *PARA DAR ACESSO AO PORTAL DE UM CLIENTE, OU PODE CRIAR UM UTILIZADOR COM ACESSO AO PORTAL ATRAVÉS DO SEGUINTE PROCEDIMENTO.*

1. *CONFIGURA TION > PROJECTO > SELECCIONAR O PROJECTO*

2. *CLIQUE SOBRE O CLIENTE*

3. *ACÇÕES > GESTÃO DE ACESSO AO PORTAL*

4. *CLICAR NO E-MAIL DO UTILIZADOR (A QUEM QUEREMOS DAR ACESSO)*

5. *ACESSO AO PORTAL DE TIQUETAQUE*

UM E-MAIL DE CONVITE SERÁ ENVIADO AUTOMATICAMENTE AO CLIENTE COM NOME DE UTILIZADOR E PALAVRA-PASSE PARA O SEU PORTAL. ELE PODE ENTRAR NO SEU SITE E VER TODO O PROJECTO NO SITE.

- *O CLIENTE PODE ENVIAR UMA MENSAGEM À EQUIPA DE GESTÃO DO PROJECTO ATRAVÉS DO SEU PORTAL, E TAIS MENSAGENS SERÃO ANEXADAS AOS DETALHES DO PROJECTO*

BIBLIOGRAFIA

<u>*REFERÊNCIAS*</u>

- *. COM/DEFINIÇÃO/OPEN-SOURCE-ERP*

- ***HTTPS**://EN. WIKIPEDIA.0RG/WIKI/OPENSOURCE_SOFTWARE#VANTAGENS ANDDISADVANTAGES*

- *HTTPS://ACCOUNTS.ODOO.COM/BLOG/ODOO-NEWS-5/POST/OUR-OPEN- FONTE-MODELO EMPRESARIAL-119*

- ***HTTPS**://WWWW. ODOO. COM/DOCUMENTATION/USER/10.0/ACCOUNTING/OVE RVIEW/MAINCONCEPTS/INODOO.HTML*

- ***HTTPS**://WWWW. ODOO. COM/DOCUMENTATION/USER/10.0/INVENTORY/OVERV IEW/PROCESS/SALETODELIVERY.HTML.*

- ***HTTPS**://WWWW. ODOO. COM/PÁGINA/ARMAZÉM-CARACTERÍSTICAS*

- ***HTTPS**://WWWW. ODOO. COM/PAGE/COMPARE-ODOO-VS-SAP*

- ***HTTPS**://WWWW. ODOO. COM/DOCUMENTATION/USER/10.0/INVENTORY/OVERV IEW/CONCEPTS/TERMINOLOGIES.HTML*

- ***HTTPS**://WWWW. ODOO. COM/PAGE/COMPARE-ODOO-VS-SAP*

- ***HTTPS** ://WWWW. ODOO. COM/PAGE/MANUFACTURING-FEATURES*

- ***HTTPS** ://WWWW. ODOO. COM/PÁGINA/TRABALHADORES-CARACTERÍSTICAS*

- ***HTTPS*** *://WWWW. ODOO. COM/PAGE/POINT-OF-SALE-FEATURES#PART_2*

- ***HTTPS*** *://WWWW. ODOO. COM/PAGE/WEBSITE-BUILDER-FEATURES#PART_2*

- ***HTTPS***:*//WWWW. ODOO. COM/PAGE/COMPARE-ODOO-VS-SHOPIFY*

- ***HTTPS***:*//WWWW. ODOO. COM/PAGE/COMPARE-ODOO-VS-MAGENTO*

- ***HTTPS*** *://WWWW. ODOO. COM/PAGE/E-COMMERCE-FEATURES*

- ***HTTPS***:*//WWWW. ODOO. COM/PAGE/PROJECT-MANAGEMENT-FEATURES*

I want morebooks!

Buy your books fast and straightforward online - at one of world's fastest growing online book stores! Environmentally sound due to Print-on-Demand technologies.

Buy your books online at
www.morebooks.shop

Compre os seus livros mais rápido e diretamente na internet, em uma das livrarias on-line com o maior crescimento no mundo! Produção que protege o meio ambiente através das tecnologias de impressão sob demanda.

Compre os seus livros on-line em
www.morebooks.shop

MIX
Papier aus verantwortungsvollen Quellen
Paper from responsible sources
FSC® C105338

Printed by Books on Demand GmbH, Norderstedt / Germany